イラスト
&
図解

知識 **ゼロ**でも
楽しく読める！

# 行動経済学
## の
# しくみ

多摩大学特別招聘教授
**真壁昭夫** 著

JN090807

西東社

# はじめに

　伝統的な経済学の理論では、人間は常に合理的という条件を前提にしています。「私は合理的に意思決定を下す」「私は馬鹿なことはしない」「人間は皆同じように行動する」。つまり、個性や個々人の主観、好みを考慮してこなかったのです。それは、経済学の理論をつくるには重要だし、それなりに必要な前提だともいえるでしょう。

　しかし、私たちは常に合理的とは限りません。例えば、次の日、早朝から出張があるとわかっていても、ついつい知人に誘われて居酒屋に行ってしまう……。そういった経験をお持ちの方は多いでしょう。人間は、ときにはおかしなことをする。ダメといわれると、余計にやりたくなってしまう。それが、生身の人間です。

　そして、常に合理的とは限らない"私たち"がつくっている社会や経済も、理屈通りではありません。ときには、人間の熱狂や欲望によって大きく揺れ動きます。それを考察するのが行動経済学です。伝統的な経済学の理論を、より私たちの実態に近づけることが行動経済学の目指すものであるといえるでしょう。

　行動経済学で使われる言葉の中には、一般の方には理解しにくいものがあります。難しい用語でも、具体的なイメージをつくることで、理解しやすくなると思います。そのため、わかりやすいイラストを使った行動経済学の本があれば、行動経済学を理解しやすいだ

ろうと思っていました。それを、実現したのが本書です。わかりやすいイラストを目で見ることによって、行動経済学のおもな理論をより深く理解できる本ができあがったと思っています。

　本書のイラストを見て、説明文を読んでいただくことによって、「行動経済学は日常生活に役立つ！」という実感をもっていただけるはずです。この本の使い方として、何も考えずにイラストをじっと眺めているだけでも、行動経済学がどういうものか、ある程度はわかるようになっています。そこで、説明文を気軽に読んでみると、少しずつイメージがはっきりしてくるはずです。そんなふうに、この本に接してみてください。

　行動経済学の知識は経済学の範囲に限らず、私たちの日常の生活にも十分に役立つと思います。筆者自身、行動経済学の理論を使うことで実際の経済や金融市場の変化を、よりよく理解できるようになりました。読者の皆さんにも「ああ、そういうことだったのか！」という目から鱗が落ちるような喜びを実感していただきたいと思います。本書が、ひとりでも多くの方が行動経済学に関心をもち、より深く学ぶきっかけとなることを祈っています。

多摩大学特別招聘教授 真壁昭夫

# もくじ

## 1章 行動経済学で何がわかる？

# **2章** もっと知りたい！ 行動経済学のしくみ ·········· 81 ▼ 140

# 3章 行動経済学の実践〔ナッジ〕と発展!

# 1章

# 行動経済学で何がわかる？

「ヒトは、ときに不合理な行動をする存在」
という考えをもとに誕生した「行動経済学」。
行動経済学の出発点となったプロスペクト理論を中心に、
さまざまな理論や考え方を紹介していきます。

# 01 最近よく聞く 「行動経済学」って何?

**なるほど!** ヒトの**行動が経済に与える影響**を、心理学を応用して研究する**新しい経済学**!

　近年、注目されている**「行動経済学」**とは一体どういう学問なのでしょうか?　かんたんにいえば、**心理学の理論を応用した、比較的新しい経済学**のことです。

　なぜ、経済学に心理学を取り入れる必要があるのでしょうか?　それは、ヒトは常に合理的な判断をできるわけではなく、**ときには不合理な判断をもとに行動してしまう**からです〔**右図**〕。

　例えば、のどがかわいてジュースを飲みたいとき、数分歩けばスーパーで安く買えるのに、すぐそばの自動販売機で買ったことはありませんか?　「好みじゃない…」と思いながら、50%オフの洋服を買ったり、「毎月、3万円を貯金しよう!」と決意したのに使ってしまったり…。思いあたることがあるのではないでしょうか。

　伝統的な経済学では、「ヒトは常に合理的な判断をする」という前提に基づいているのですが、上の例のように現実社会の経済活動は、**合理的でない判断や行動に基づくことがよくある**のです。しかし、伝統的な経済学では、このような不合理な現象を説明できないのです。**「ヒトはどんなときに不合理な行動をするのか?」「不合理な行動をした結果、経済にどんな影響を与えるのか?」**といったテーマを究明するために、行動経済学は誕生したのです。

# ヒトは必ずしも合理的に行動しない

## ▶ 不合理な経済活動の例

ヒトが理屈に合わない行動をするときのメカニズムや、経済的な影響を解き明かすのが行動経済学。

### 宝石を値上げして売り上げアップ

ある宝石店が、宝石の値段を倍に上げると、客は「この店の宝石は高級だ！」と思いこみ、その結果、店の売り上げがアップした。この現象は、フレーミング効果（➡ P82）と呼ばれる。

### 好みじゃない洋服をディスカウントで購入

自分の好みの洋服じゃないかもと思っていても、「バーゲン限定！50％オフ！」などの値札を見ると、「これは、お得！ 今しかチャンスがない」と思い、購入を決意してしまう。

### 割高な自動販売機でジュースを購入

100mほど先のスーパーで、88円でジュースを売っているのを知りながら、「今すぐ飲みたい！」という誘惑に負けて、120円の自動販売機で購入してしまう。

行動経済学で何がわかる？　**1**章

# 02 伝統的な経済学と行動経済学のちがいは？

**行動経済学は「ありのままの人間」を、分析の対象にしている！**

　経済学の起源は、18世紀に**アダム・スミス**が書いた『**国富論**』とされています〔**図1**〕。経済学といえば、「お金のもうけ方」の研究と思われがちですが、経済学の目的は、みんなが幸せになれるように、社会の中にある**お金**や**労働力**などを効率的に分配することです。

　イギリスの経済学者**ケインズ**は、民間の**需要**（購入したいという欲求）が減って不景気になったときは、**政府が公共事業を増やして需要を押し上げて**、景気をよくするべきだと主張しています。

　こうして発展してきた伝統的な経済学ですが、近年、その前提条件が疑われています。その前提条件とは、「私たちは市場に関するすべての情報（**完全情報**）をもっていて、感情に振り回されることがなく、利益のために、常に合理的に判断できる」というもの。こうした人間像を経済学では、「**ホモ・エコノミカス**」（**合理的な経済人**）と呼びます〔**図2**〕。しかし、私たちは常に合理的とは限りません。例えば、翌日の出張のために早起きが必要だとわかっていても、同僚に飲みに誘われて断れず、出張の日の朝、起きるのがつらかったという経験をした人は多いでしょう。

　行動経済学では、常に合理的とは限らない、**ありのままの、生身の人間の意思決定を分析の対象にしているのです。**

## ▶ 需要と供給の関係〔図1〕

アダム・スミスは、需要量（消費者が買いたい量）と供給量（企業が売りたい量）が一致する「市場均衡点」で市場価格が決定されると考えた。

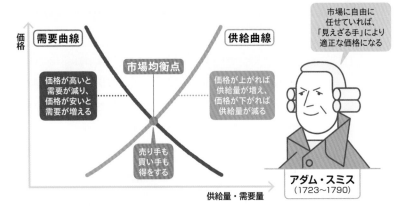

市場に自由に任せていれば、「見えざる手」により適正な価格になる

**需要曲線**

価格

**供給曲線**

**市場均衡点**

価格が高いと需要が減り、価格が安いと需要が増える

価格が上がれば供給量が増え、価格が下がれば供給量が減る

売り手も買い手も得をする

供給量・需要量

**アダム・スミス**
（1723〜1790）

## ▶ ホモ・エコノミカスと生身の人間〔図2〕

ホモ・エコノミカスは常に合理的だが、生身の人間は常に合理的とは限らない。

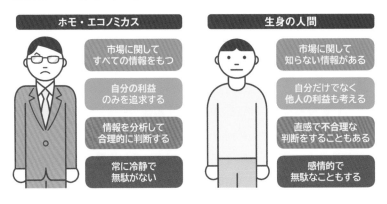

**ホモ・エコノミカス**

市場に関してすべての情報をもつ

自分の利益のみを追求する

情報を分析して合理的に判断する

常に冷静で無駄がない

**生身の人間**

市場に関して知らない情報がある

自分だけでなく他人の利益も考える

直感で不合理な判断をすることもある

感情的で無駄なこともする

# 03 行動経済学はどう役に立つの?

**なるほど!** 「ヒトはどのように**判断するか**」を解明すると、**現実の経済**を**分析・理解**することができる!

　行動経済学は、実際にどのように役立つのでしょうか?

　生身の人間を前提にした行動経済学は、ヒトの不合理な判断や、矛盾する行動などを研究しています。つまり、私たちの**「意思決定の手順」**を解き明かそうとしているのです。

　例えば、多くの人が「景気がいい」と思えば、企業の業績とは関係なく株が購入されて、株価は上昇します。伝統的な経済学では、**「フェアバリュー（公正価値）」**と呼ばれる**適正な水準**（理論的に正当化できる価格）を超えると売買は成立しないとされますが、「株はさらに上がる」と思う人が増えると、株価が適正な水準を上回っても株は購入され続け、**「バブル」**が発生するのです〔**図1**〕。

　伝統的な経済学では、バブルのような理論的でないことを**「例外的事象（アノマリー）」**と呼んで、分析してきませんでした。でも実際、バブルはくり返し起きています。そのため、現実の経済を分析・理解するために、行動経済学が必要になるのです〔**図2**〕。

　行動経済学は、株価だけでなく、為替や投資、貯蓄、マーケティングなど、あらゆる経済分野で活用されています。さらに、不合理な意思決定をしてしまう人を、**よりよい選択に導く手法である「ナッジ」**（➡P142）にも役立てられています。

# 現実の経済を分析できる

## ▶「バブル」が発生するしくみ〔図1〕

経済学でいう「バブル」とは、株や不動産などの価値が、実体経済とかけ離れて急上昇する現象。伝統的な経済学ではバブルの発生はあり得ない。

バブルの発生

景気がいいと、「自分も利益を得たい」と、多くの人が株を購入するため、株価は適正な水準を超えても上昇を続ける。

あるときを境に、株価は急激に下落し、バブルが崩壊する。バブル崩壊のタイミングを予測することは専門家でもむずかしい。

## ▶バブルを分析できる行動経済学〔図2〕

バブルの発生や短期的な株価の変動は、行動経済学の一分野である「行動ファイナンス」によって分析ができるようになった。

これは例外的な現象だ

**伝統的な経済学**
市場において、フェアバリュー（公正価値）の水準を上回ることはあり得ない。

投資家がパニックを起こしている！

**行動ファイナンス**
株価などの金融市場の動向を、心理学の理論などを使って分析する。

# 04 伝統的な経済学は現実をうまく説明できない？

**なるほど！** 現実では、**モノの価格がひとつに決まったり、** すべての人が**同じ情報をもったり**しない！

　行動経済学を理解するために、まず、現実に合っていない伝統的な経済学の前提条件を見てみましょう。

　例えば、伝統的な経済学では、**「市場は効率的」**とされ、買いたい人（需要者）と売りたい人（供給者）の折り合う値段が、適正な価格だとされてきました。つまり、**モノの価格はひとつに決まると考えられたのです（一物一価の法則）**。しかし、現実の社会では、そうではありません。例えば、同じジュースなのに、スーパーでは安く売られているのに、映画館では高く売られていたりします。

　このほか、伝統的な経済学では、私たち（＝需要者）は市場に関して**完全情報**（➡P12）をもつとされましたが、現実には、**供給者がもっている情報を、需要者がもっていないことがあります**。これを**「情報の非対称性」**といいます〔**図1**〕。

　情報の非対称性が生み出す問題には、**「逆選択」**と**「モラルハザード」**があります〔**図2**〕。逆選択は、取引開始前の問題で、例えば、持病を隠して保険の契約をすることです。モラルハザードは、取引開始後の問題で、例えば、自動車保険に入った人が、危険な運転をくり返したりすることです。このような、伝統的な経済学で説明できない現実を分析するために、行動経済学が生まれたのです。

# 情報が偏ることで起きる問題

## ▶ 情報の非対称性 〔図1〕

取引をするとき、一方がもっている情報を、もう一方がもっていない状況。例えば、中古車販売店では情報が非対称になりやすい。

**ディーラー** 情報量 **多**

車に関する専門知識をもっている

**一般客** 情報量 **少**

車に関する専門知識をもっていない

フェアバリュー（公正価値）より、売買価格が高くなりがち！

## ▶ 情報の非対称性で生じる問題 〔図2〕

情報の非対称性によって、逆選択とモラルハザードが起こる。

| **逆選択** 取引開始前に起こる問題 | **問題例** 持病を隠した人や、健康に不安のある人が次々に保険に入ると、保険料が上がるため、健康な人は保険に加入しなくなる。 |

| **モラルハザード** 取引開始後に起こる問題 | **問題例** 自動車保険を契約した人が、「事故を起こしても保険が下りる」と考え、危険な運転をしたり、保険金目当てにキズをつけることもある。 |

行動経済学で何がわかる？ **1章**

# 05 行動経済学でノーベル経済学賞を受賞した？

**なるほど！** 「プロスペクト理論」のカーネマン教授以降、わずか15年間に3件ものノーベル賞を受賞！

行動経済学は、誰がいつ生み出したのでしょうか？

行動経済学の扉を開いたのは、1979年に**「プロスペクト理論」**（➡P26）を発表した**ダニエル・カーネマン**と**エイモス・トヴェルスキー**です〔**図1**〕。プロスペクト理論とは、かんたんに説明すると、「ヒトは得をした喜びよりも、損をした悲しみの方が大きい」「ヒトは損失の発生をなるべく避けたい」というもので、人間の実際の行動を説明できる理論として注目されました。こうして、**人間の「価値の感じ方」を言葉で説明することができるようになり**、心理学と経済学が合わさった行動経済学が誕生したのです。

この功績が認められ、2002年、カーネマンは**ノーベル経済学賞**\*を受賞しました。これに続き、「市場は常に効率的ではなく、合理的でない変動をすることがある」と分析した**ロバート・シラー**が、2013年にノーベル経済学賞を受賞。さらに、2017年には、**リチャード・セイラー**が、自発的によりよい選択をできるように促す理論である**「ナッジ」**（➡P142）の提唱など、行動経済学の理論発展に貢献した功績で、ノーベル経済学賞を受賞しました〔**図2**〕。

わずか15年間に3件ものノーベル賞を受賞した行動経済学は、近年、世界的な注目を浴びる学問分野になっているのです。

\*正式名称は、「アルフレッド・ノーベル記念経済学スウェーデン国立銀行賞」

# 行動経済学理論を構築した学者たち

## ▶ 行動経済学の「生みの親」〔図1〕

行動経済学は、カーネマンとトヴェルスキーが発表した論文『プロスペクト理論：リスクがある環境下での意思決定の分析』によって確立された。

### プロスペクト理論

● ヒトは得を求めるよりも損を避ける

● ヒトが感じる価値は、基準となる参照点からの距離で決まる

● ヒトは利益が出ている局面ではリスク回避的になり、損失が出ているときはリスク愛好的になる

**ダニエル・カーネマン**
（1934～）

イスラエル出身。プリンストン大学名誉教授。トヴェルスキーと共同でプロスペクト理論を提唱し、行動経済学の手法を確立した。2002年、ノーベル経済学賞を受賞。

**エイモス・トヴェルスキー**
（1937～1996）

イスラエル出身。スタンフォード大学教授として、カーネマンと共同でプロスペクト理論を研究した。1996年に死去したため、ノーベル賞を受賞できなかった。

## ▶ ノーベル経済学賞を受賞した行動経済学者〔図2〕

**2013年受賞**

**ロバート・シラー**
（1946～）

アメリカ出身。イェール大学教授。株式・債券価格の長期予測を研究。ITバブルやサブプライム危機を予見し、警鐘を鳴らしていた。

**2017年受賞**

**リチャード・セイラー**
（1945～）

アメリカ出身。シカゴ大学教授。ナッジ理論を提唱。一般向けにナッジを解説した『実践 行動経済学』は全米でベストセラーになった。

# Q 2人の容疑者は黙秘する？ それとも自白する？

| 2人とも自白 | or | 2人とも黙秘 | or | 1人は黙秘 1人は自白 |

2人の容疑者が、意思疎通できない別々の部屋で尋問を受け、「自白した人は無罪、黙秘した人は懲役10年」「2人とも黙秘したら2人とも懲役3年」「2人とも自白したら2人とも懲役5年」と提案されました。2人とも合理的な経済人なら、どう判断する？

　これは、**「囚人のジレンマ」**という、**「ゲーム理論」**の代表的なモデルです。ゲーム理論とは、近年、行動経済学と並んで注目を集める経済学理論で、**利害関係がある相手がいる状況で、どのように意思決定がされるかを検証し、意思決定の「結果」を重視します。**

　囚人のジレンマにおいて、2人の容疑者の利益は、自分自身の懲

役期間を短くすることです。もし、2人が協力して黙秘すれば、自分も相手も懲役3年ですみますよね。このように、**全体の利益が最大化される最適の状態を、ゲーム理論では「パレート最適」といいます。**

　しかし、もし相手が自白して裏切れば、自分だけが懲役10年になります。もし2人とも、自分の利益だけを追求する合理的な経済人（ホモ・エコノミカス）であれば、リスクを避けるため、相手を裏切って「2人とも自白」しようとするのです。これが正解です。

　このように、**「参加者全員が最適の戦略を選択し、変更すると自分が損をする均衡状態」のことを、ゲーム理論では「ナッシュ均衡」といいます。**囚人のジレンマでは、個人の合理的な判断が、パレート最適にならないという矛盾が生じるのです〔下図〕。

**囚人のジレンマ**　それぞれが自分の利益だけを追求した結果、協力したときより悪い結果を招くモデル。

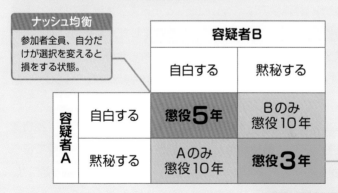

ナッシュ均衡
参加者全員、自分だけが選択を変えると損をする状態。

| | | 容疑者B | |
|---|---|---|---|
| | | 自白する | 黙秘する |
| 容疑者A | 自白する | 懲役**5**年 | Bのみ懲役10年 |
| | 黙秘する | Aのみ懲役10年 | 懲役**3**年 |

パレート最適
参加者全員の利益が最大化された状態。

行動経済学で何がわかる？　**1**章

# 06 ヒトは満足度で選ぶ？ 「期待効用理論」とは

**なるほど！** 不確実な状況で、確率的な「**期待値**」ではなく、満足感を求め「**期待効用**」の高さで決定する！

　ヒトが何かを選ぶときの基準は何でしょう？　それを「満足度」から考えてみましょう。例えば、同じビールを飲み続けたとき、満足感はだんだん減っていきませんか？　**同じモノを消費していくと、同じ増加分（限界）によって得られる満足度（効用）は小さくなります**。貯金がないときに1万円のくじが当たった喜びより、貯金が1,000万円のときに1万円が当たった喜びが小さくなるのも同じです。これを「**限界効用逓減の法則**」といいます〔**図1**〕。

　伝統的な経済学では、くじ引きなど不確実な状況下では、ヒトは**「期待値」**をもとに意思決定するとされました。期待値とはその行動を無限に続けたとき、結果として得られる数値の平均値のこと。

　例えば、賭けでコインを投げて表が出る確率は0.5（50％）なので、コインを10回投げて表が出る期待値は10回×0.5＝5回です。これに対し、ヒトの意思決定を効用で説明するのが**「期待効用理論」**です。**「期待効用」とは、効用がどのくらいの確率で得られるか**を表すものです。賭けでコインを投げるときの期待効用は、例えば、賭け金や、所持金の額などの条件によってちがってきます。期待効用理論を使えば、ヒトが何かを選ぶ基準は、期待値ではなく、期待効用の高い方だと、理論的に説明できるのです〔**図2**〕。

# 「満足度」が意思決定を左右する

## ▶ 限界効用逓減の法則 〔図1〕

ビールの消費量と満足度（効用）の関係をグラフで示したもの。この関係を示す関数が効用関数である。

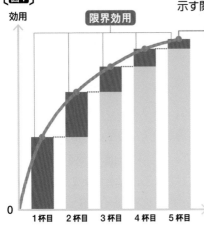

効用

限界効用

効用曲線

限界効用逓減の法則を示す効用関数のグラフは、右肩上がりの曲線になる。これに選択肢の発生確率をかけると、期待効用（効用の期待値）が求められる。

0　1杯目　2杯目　3杯目　4杯目　5杯目　消費量

## ▶ 期待効用理論の考え方 〔図2〕

不確実な状況下では、期待効用の大きさで意思決定されるという理論。20世紀半ばに確立した。

| くじA | | |
|---|---|---|
| 当選金額 | 2500円 | 0円 |
| 確率 | 0.5(50%) | 0.5(50%) |
| 効用 | 50 | 0 |

| くじB | | |
|---|---|---|
| 当選金額 | 900円 | 400円 |
| 確率 | 0.6(60%) | 0.4(40%) |
| 効用 | 30 | 20 |

※期待値は「金額×確率」の合計。期待効用は「確率×効用」の合計で、表の効用は当選金額の$\sqrt{x}$で与えられる。

**くじAの期待値**

$2500×0.5+0×0.5=1250$

**くじAの期待効用**

$0.5×50+0.5×0=25$

 「期待値」はAの方が高い

**くじBの期待値**

$900×0.6+400×0.4=700$

**くじBの期待効用**

$0.6×30+0.4×20=26$

 「期待効用」はBの方が高い

ヒトは、期待効用が最大になる行動を取るとされる。
上のAとBの2つのくじでは、Bの方が期待値は低いが、期待効用は高い。

# 期待効用理論の例外？「アレのパラドックス」

効用は同じなのに**選択結果は逆転する**…。
意思決定のプロセスを完全に説明できない！

**「期待効用理論」**は、不確実な状況下での意思決定を説明できる理論として、伝統的な経済学に広く取り入れられました。しかし、期待効用理論でも説明できない例がいくつも示されました。その代表が、**「アレのパラドックス」**で、次のようなものです。

最初に、以下のくじＡとくじＢから、どちらかを選択します。
「くじＡ：確実に1,000円がもらえる」「くじＢ：10％の確率で2,500円がもらえ、89％で1,000円、１％は賞金なし」

次に、以下のくじＣとくじＤから、どちらかを選択します。
「くじＣ：11％の確率で1,000円がもらえ、89％は賞金なし」
「くじＤ：10％の確率で2,500円がもらえ、90％は賞金なし」

実際に調査したところ、**ほとんどの人は、くじＡとくじＤを選択しました**。しかし、くじＣとくじＤの選択は、くじＡとくじＢから、それぞれ「89％で1,000円がもらえる」分を引いただけなので、満足度（効用）は変わりません。つまり、**本質的には同じ選択問題なのに、選択結果が逆転してしまった**のです〔図1〕。

このほか、**「エルスバーグのパラドックス」**も、期待効用理論に反する例として示されました〔図2〕。期待効用理論でも、**意思決定のプロセスは完全に説明しきれなかった**のです。

# 期待効用理論に反する例

## ▶ アレのパラドックス 〔図1〕

期待効用理論では、くじAを選択した人は、同じ効用のくじCを選択するはずだが、現実の結果はくじDを選択する人が多かった。

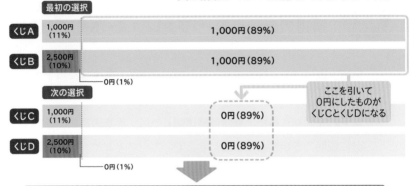

**最初の選択**

| くじA | 1,000円(11%) | 1,000円(89%) |
| くじB | 2,500円(10%) | 1,000円(89%) |

0円(1%)

**次の選択**

| くじC | 1,000円(11%) | 0円(89%) |
| くじD | 2,500円(10%) | 0円(89%) |

0円(1%)

ここを引いて0円にしたものがくじCとくじDになる

**最初の選択と次の選択は本質的に同じ問題なのに、結果は逆転する!**

## ▶ エルスバーグのパラドックス 〔図2〕

100個のボールが入ったツボAには赤ボール50個、黒ボール50個が入っていて、ツボBには合計100個の赤ボール・黒ボールが入っているが、割合はわからない。A・Bどちらかのツボを選び、取り出したボールの色を当てると賞金がもらえるとき、ほとんどの人はツボBも当たる確率は50%と考えたのに、ツボAを選んだ。

赤と黒の割合は**明確**

**A**
100個のボール

赤 50個
黒 50個

赤と黒の割合は**あいまい**

**B**
100個のボール

赤
黒 割合不明

**割合があいまいなツボBより、割合が明確なツボAを選ぶ!**

# 08 ヒトは損を回避しがち？「プロスペクト理論」

なるほど！ ヒトは**得した喜び**より、**損した悲しみ**が大きい。損得の分岐点が「**リファレンス・ポイント**」！

　ヒトは不確実な状況下で、どのように考え、意思決定をするのでしょうか？

　それを理論化した**「期待効用理論」**では、実際のヒトの行動を十分に説明できませんでした。そこで、カーネマンとトヴェルスキーは、期待効用理論を修正して、新しい理論を構築しました。それが、**行動経済学の出発点となった「プロスペクト理論」**です。

　プロスペクトとは**「予想」「見通し」**を意味します。プロスペクト理論の要点は、「**ヒトの心の中には、得する喜び・損する悲しみの判断を分ける基準点『リファレンス・ポイント（参照点）』がある**」というもの〔**図1**〕。プロスペクト理論では、ヒトが主観的に感じる喜びや悲しみの大きさを**「価値関数」**というグラフで示します〔➡P28 **図2**〕。ヒトは何かを選択するとき、**「その選択で、どれだけの満足度（価値）を得られるか」**を考えます。価値関数は、「得か？損か？」という、**ヒトの主観的な価値を関数で表している**のです。

　価値関数のグラフは、リファレンス・ポイントから右が、利益の発生しているプラスの領域で、リファレンス・ポイントから左が、損失の発生しているマイナスの領域です。そして、**左右のグラフの傾きは非対称で、マイナスの領域では、価値が急激に落ちこんでい**

## ▶リファレンス・ポイント(参照点)〔図1〕

プロスペクト理論におけるリファレンス・ポイントとは、利得と損失を分ける基準点。リファレンス・ポイントがちがうと、感じ方も異なる。

**ボーナスを50万円支給された場合**

リファレンス・ポイントが30万円

思っていたより多い

リファレンス・ポイントが70万円

もっともらえると思っていた

**ます**。これは、かんたんにいえば、1万円を得した喜びより、1万円を損した悲しみの方が大きいことを示しています。ヒトは同じ金額なら、利得より損失の方が、2〜4倍程度、重く受け止めてしまうといわれます。つまり、**ヒトは「損失を避けたい」という意識が強い**のです。この性質を、**「損失回避傾向」**といいます。

また、ヒトは利益が発生しているときは、現状の利益に満足して、**「リスク回避的」**になりがちです。逆に、損失が発生しているときは、リスクをとってでも損失を取り戻そうとして、**「リスク愛好的」**に行動しがちです。得と損をはさむと、ちょうど鏡に映るように反転になるこの性質は、**「鏡映効果」**と呼ばれています〔➡P29図3〕。

**リファレンス・ポイントが「主観的判断」によって移動する**ことも、価値関数の特徴です〔➡P29図4〕。

行動経済学で何がわかる？ **1**章

# 主観的な価値を示すグラフ

## ▶価値関数〔図2〕

価値関数のグラフは、ヨコ軸に相対的な利益・損失、タテ軸に主観的な価値を対応させている。このグラフでは、1万円を得る喜び（主観的な価値）より、1万円を損する悲しみの方が2.5倍大きいことを示している。

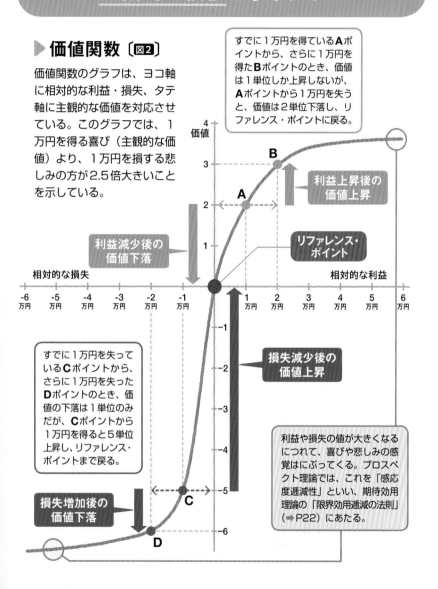

すでに1万円を得ている**A**ポイントから、さらに1万円を得た**B**ポイントのとき、価値は1単位しか上昇しないが、**A**ポイントから1万円を失うと、価値は2単位下落し、リファレンス・ポイントに戻る。

利益上昇後の価値上昇

利益減少後の価値下落

リファレンス・ポイント

相対的な損失

相対的な利益

-6万円 -5万円 -4万円 -3万円 -2万円 -1万円 1万円 2万円 3万円 4万円 5万円 6万円

損失減少後の価値上昇

すでに1万円を失っている**C**ポイントから、さらに1万円を失った**D**ポイントのとき、価値の下落は1単位のみだが、**C**ポイントから1万円を得ると5単位上昇し、リファレンス・ポイントまで戻る。

損失増加後の価値下落

利益や損失の値が大きくなるにつれて、喜びや悲しみの感覚はにぶってくる。プロスペクト理論では、これを「感応度逓減性」といい、期待効用理論の「限界効用逓減の法則」（➡P22）にあたる。

# 「主観的判断」が価値を決める

## ▶ 鏡映効果〔図3〕

利益が発生している局面と、損失が発生している局面では、ヒトはちがう行動を取ることが多い。

| 利益が発生している局面 | 損失が発生している局面 |
|---|---|
| 株価上昇 | 株価下落 |
| 下落する前に売って利益を確保しよう | 値上がりするまで待とう |
| リスク回避的になる！ | リスク愛好的になる！ |

## ▶ 人によってちがうリファレンス・ポイント〔図4〕

価値を測る基準点であるリファレンス・ポイントは、人によってちがう。また、同じ人でも時間や状況によって変化する。

**年末のタクシー乗り場**

待ち時間「**5分**」がリファレンス・ポイントの人

待ち時間「**30分**」がリファレンス・ポイントの人

平日にタクシーをよく使う人は、待ち時間「5分」がリファレンス・ポイントになっているが、年末だけしかタクシーを使わない人は、待ち時間「30分」がリファレンス・ポイントになっている。

行動経済学で何がわかる？ **1**章

# 09 確率に重みを加える？「決定の重み付け」

ヒトは主観によって、**低い確率を過大評価し、高い確率を過小評価**してしまいがち！

　プロスペクト理論では、ヒトが意思決定をするとき、頭の中で計算する確率は、**その人の主観に基づく「重み付け」がされている**と想定しています。つまり、「**確率に対する評価は、客観的な数字どおりではなく、主観的な評価で修正される**」ということ。かんたんにいえば、私たちは主観によって、**低い確率を過大評価し、高い確率を過小評価してしまう**のです。

　例えば、宝くじの１等が当たる確率は、1,000万分の１です。この確率は、日本人全員が１枚ずつ買ったとき、当選するのが10人という、きわめて低い確率ですが、宝くじを買う人は、「もしかしたら、当たるかも」と、**実際の確率より高く見ている**のです。これに対して、もしあなたが大きな手術を受けるときに、医師から「手術の成功確率は90％」と伝えられたら、「きっと成功する！」と安心するのではなく、「10％の確率で失敗するのか…」と、不安になりますよね。これは**高い確率を実際より低く見ている**からなのです。

　決定の重み付けは、タテ軸に「決定の重み」、ヨコ軸に「客観的な確率」をとるグラフで示せます。もし、**主観的な評価に歪みがなければ、グラフは傾き45度の直線になります**が、私たちは確率に重みを加えているので、グラフは**S字型の曲線**になります〔**右図**〕。

# 「主観的な確率」は客観的でない

## ▶ 決定の重み付けのグラフ

「確率加重関数」とも呼ばれるグラフで、確率は0〜1の間で表される。また、利得の場合の重みと、損失の場合の重みでは、曲線の傾きがやや異なる。

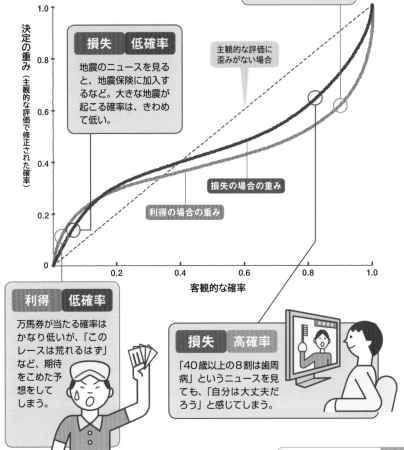

**利得　高確率**

選挙の候補者は、「90％の確率で当選する」とテレビで予想されても、落選の不安を感じてしまう。

**損失　低確率**

地震のニュースを見ると、地震保険に加入するなど。大きな地震が起こる確率は、きわめて低い。

主観的な評価に歪みがない場合

決定の重み（主観的な評価で修正された確率）

損失の場合の重み

利得の場合の重み

客観的な確率

**利得　低確率**

万馬券が当たる確率はかなり低いが、「このレースは荒れるはず」など、期待をこめた予想をしてしまう。

**損失　高確率**

「40歳以上の8割は歯周病」というニュースを見ても、「自分は大丈夫だろう」と感じてしまう。

行動経済学で何がわかる？　**1**章

# 10 ヒトは"確実"を好む？「確実性効果」

**なるほど!** ヒトはわずかでも**外れる確率があるもの**は避け、**確実なもの**を好む傾向がある！

　ヒトは、「確実なもの」と「わずかに不確実なもの」を比較したとき、確実なものを好む傾向があります。

　例えば、次の２つの選択肢があったとしましょう。１つ目が、「確実に10万円が手に入る」です。２つ目が「80％の確率で20万円が手に入るが、20％の確率で０円」です。この場合、多くの人は確実に10万円が入手できる選択肢を選びます〔**図1**〕。つまり、ヒトは複数の選択肢があった場合、**確実な結果をもたらす選択肢をより強く選ぶ**傾向にあります。逆に言えば、当たる確率は高くても、外れる確率（リスク）がわずかでもあるという不確実な状況は避けたいのが人情なのです。これを**「確実性効果」**といいます。確実性効果は、ヒトが客観的な確率ではなく、主観的な確率を重視していることを示しています。

　つまり、ヒトは**期待効用理論**が想定してきた以上に確実なことを求めるのです。確実性効果は、**アレのパラドックス**（➡ P24）が発生する要因のひとつであると考えられます。

　確実性効果は、ビジネスにも幅広く活用されています。例えば、元本を保証するタイプの投資や保険などは、「少額でもいいから確実に得をしたい」という心理を利用しているのです〔**図2**〕。

# ヒトの心理を変える「確実性」

## ▶ 確実性効果 〔図1〕

80%の高い確率で20万円が手に入る選択肢があったとしても、多くの人は、確実に10万円が手に入る選択肢を選ぶ。

もし、外れて0円になるのはイヤだ…

選択肢 ①

➡ **100%** の確率で **10万円** が手に入る

選択肢 ②

➡ **80%** の確率で **20万円** が手に入るが、**20%** の確率で **0円**

**わずかでも不確実な状況は避けたいと感じる!**

## ▶ 確実性効果の活用例 〔図2〕

確実性効果は、マーケティングなど、ビジネスの現場で幅広く活用されている。

### 全員もらえるキャンペーン

缶ビールについているシール100点分を集めたら景品が必ずもらえるといったキャンペーンは確実性効果を利用している。

### 元本補償

投資したお金が保証されるタイプの投資で、損失が発生した場合、金融機関が損失分を保証する。「絶対に損をしない」というタイプの投資は、一般的にリターンは少ない。

行動経済学で何がわかる？ **1章**

# 11 心は言い訳上手?「気質効果」とは

**なるほど!** 後悔を回避し、プライドを重視するなど、ヒトの心は自分自身に都合のいい言い訳をする!

　ヒトには**「損失回避傾向」**（➡ P27）があり、損することを嫌います。では、実際に損失を出した人は、どう考えるのでしょうか?

　架空の投資案件で考えてみましょう。例えば、ある実業家が、黒字を出している工場Aと、赤字を抱える工場Bを経営していたとします。どちらか一方にしか資金を追加投入できない場合、実際にはAに資金投入した方が得られる利益は多いのに、Bに資金投入してしまいました。この実業家は、「Bを黒字化して両プラントが成功すれば、面子が保て、株主の利益になるはず」と考えたのです〔**図1**〕。

　このようにヒトは、利益や損失が発生する局面において、**自分自身に都合のいい言い訳をしてしまうこと**があります。このような性質を、**「気質効果」**といいます。

　株価がリファレンス・ポイントである購入価格より上昇すると早く売りたがり、下落すると購入価格に戻るまで保有し続けてしまうのも、気質効果の影響です。下落した株価が戻る保証はどこにもないので、**下落した株式を保有するのは非合理な判断**ですが、ヒトは損失に直面すると、**後悔を避けようとしたり（後悔回避性）、自信過剰によって過去の判断ミスを認めることができず**、冷静さを欠いた行動をとってしまうことがあるのです〔**図2**〕。

# 非合理な判断を正当化する心理

## ▶ 気質効果による非合理な判断例〔図1〕

黒字の工場Aと、赤字の工場Bを経営する実業家が、どちらかに資金を追加投入する場合、気質効果の影響で、実業家は工場Bに資金を投入する。

工場A

黒字経営
追加資金によって大幅な追加利益を得られる

株主の利益のために、工場Bを黒字化させよう

工場B

赤字経営
追加資金によって黒字化するが、大幅な利益は見こめない

➡ 「工場Bを建てるべきでなかった」「自分には経営能力がない」と思いたくないため、自分に都合のいい言い訳をしている!

## ▶ 気質効果の原因〔図2〕

気質効果は、プロスペクト理論を拡張したもので、「後悔回避性」「自信過剰」といった心理が影響している。

自信過剰な投資家は、「今が底値だ! 必ず回復する!」などと考え、損切りができない傾向がある。

### 後悔回避性

過去の自分の判断を後悔したくないため、将来に状況が好転する予測をして、後悔を避ける決定をおこなうこと。

### 自信過剰

自分の能力に自信を持ち過ぎ、自らを過大評価していること。過去の判断ミスを自分で認めることができない。

# リスクが高いのは
# 株式？ それともFX？

資産運用に興味があってもリスクが心配で株やFXに手を出せない。そんな人のために株とFXのリスクを比較しました。

人生100年時代、**「資産」**を**「運用」**して、お金を増やす努力が必要になっています。**資産とは、お金（現金）以外に、株式や債券、不動産など、金銭に換えることができる所有物のこと。運用とは、資産の価値を増やすこと**で、貯蓄や投資などがあります。

日本では、貯蓄が重視されてきましたが、投資は危険というイメージが強く、**「株式やFX**（外国為替証拠金取引）に挑戦したけど、

もうからなかった」という人が多いのも事実です。これは、**「利益局面ではリスク回避的、損失局面ではリスク愛好的」**という、プロスペクト理論（⇒P26）が影響しているためと考えられます。

　例えば、購入した株式が値上がりしたとき、ヒトは利益を確定させることを優先して、さらに値上がりが期待できる状況であっても早く売ってしまいがちです。逆に、株式が値下がりしたときは、**売却して損失を確定させる「損切り」**ができず、「購入価格に戻るまで待とう」と、リスクの高い不合理な判断をしてしまうのです。

　損切りができないのは、自分の判断ミスを認めることができないという**気質効果**（⇒P34）の影響もあります。気質効果が強い人ほど、**短期的な取引を頻繁におこなう**傾向があり、このため収益率が低くなり、手数料で損をしてしまうのです。

### 値動きの予測のちがい

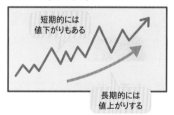

**株式**　PER（株価収益率）やPBR（株価純資産倍率）など、株価を判断する指標があり、長期的な値動きを予測しやすい。

短期的には
値下がりもある

長期的には
値上がりする

**FX**　円とドルなどを取引する外国為替の市場は、値動きが激しく、短期的にも長期的にも予測が難しく、リスクが高い。

短期的に激しく変動する

　FXでは、為替レートの変動が大きく、プロでも予測が困難です。しかし、株式では、**株価を判断する指標**があり、**長期的な運用をする場合は、安定した利益を確保しやすくなります。** 資産運用をするなら、専門家と相談して、株式を購入するのがオススメです。

行動経済学で何がわかる？ **1**章

# 12 目先の満足を追う心理？「双曲割引モデル」

もし、10万円を今すぐもらえることになったら、うれしいですよね？　でも、「今ではなく、1年後に渡します」といわれたら、喜びは減りませんか？　つまり同じ10万円でも、**「今もらえる10万円」の方が、「1年後にもらえる10万円」より価値が高い**のです。

**時間の経過によって価値が割引かれる**ことは、利息で考えるとわかりやすいでしょう。現在の10万円を、1年後の11万円と同じ価値だと感じる場合、1年間の金利は10％であることを意味します。この計算で使った「金利10％」のように、**「将来の価値」を「現在の価値」に換算するときに使うレート（率）のことを「割引率」**といいます。割引率は、「早い方がいい」という、ヒトの**「せっかち度」**を示す指標ともいえます〔**図1**〕。

伝統的な経済学では、基本的に割引率は変化せず、時間が経っても一定（**指数割引**）とされてきました。しかし、行動経済学では、**現在に近いほど割引率は高く、時間が経つほど割引率は低くなる**と考えます。これが、**「双曲割引モデル」**という理論です。

伝統的な経済学で想定される割引率をグラフで表すと直線になりますが、双曲割引モデルのグラフは、**近い将来では一気に低下し、長期になるほど傾きがゆるやかになるため、反比例（双曲）のカー**

## ▶ せっかち度を示す「割引率」〔図1〕

「今すぐに10万円もらう」「1年後に11万円もらう」という選択肢があった場合、どちらを選ぶかによって、その人にとっての割引率（せっかち度）が金利10%（1年間）より高いか低いかがわかる。

〈 今、もらいたい人 〉

割引率は10%より高い

→ せっかち度が高い！

現在の10万円
10000

〈 1年間待てる人 〉

割引率は10%より低い

→ せっかち度が低い！

1年後の11万円
10000

**ブを描きます**〔➡ P40 **図2**〕。これは例えば、今日もらえるはずの10万円が3日後に延期されると大きなショックを受けるけれど、1年後に渡される予定が、1年と3日後（368日後）に延期されても、あまりショックを受けないことを示しています。同じ「3日」でも、未来になればなるほど、その差を感じなくなるのです。

双曲割引モデルは、ダイエットや勉強などのむずかしさを解明するのにも役立ちます。**ヒトは無意識のうちに、将来よりも今のことが大事だと思います。**ダイエット中にケーキを食べたり、試験前に遊んだりしてしまうのもこのためなのです。このように、将来的に大きな利益を得るための計画を立てているのに、目先の小さな利益を選び、**計画と整合性のとれない行動をとってしまうことを「時間的非整合性」**といいます〔➡ P41 **図3**〕。しかし、**「今を優先したい」**という本能に流されてばかりいると、望んでいない結果を招くことは明白です。我慢の重要性は、子どもに目の前のマシュマロを我慢させる**「マシュマロ実験」**で示されています〔➡ P41 **図4**〕。

行動経済学で何がわかる？ **1章**

# 「今」を優先すると「せっかち」になる

## ▶ 双曲割引モデル〔図2〕

伝統的な経済学で想定される割引率は、グラフで表すと直線になるが、双曲割引モデルのグラフは、下に垂れ下がった形になる。

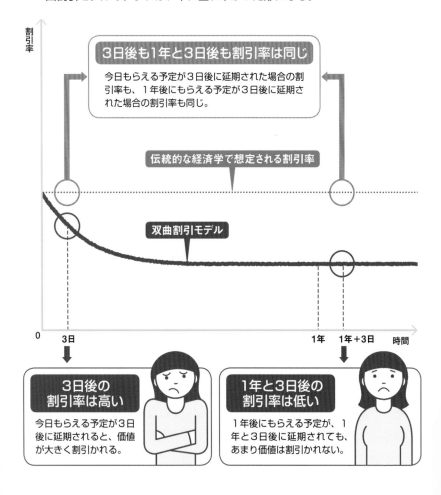

**3日後も1年と3日後も割引率は同じ**

今日もらえる予定が3日後に延期された場合の割引率も、1年後にもらえる予定が3日後に延期された場合の割引率も同じ。

**伝統的な経済学で想定される割引率**

**双曲割引モデル**

0　3日　　　　　　　　　　　　　1年　1年+3日　時間

**3日後の割引率は高い**

今日もらえる予定が3日後に延期されると、価値が大きく割引かれる。

**1年と3日後の割引率は低い**

1年後にもらえる予定が、1年と3日後に延期されても、あまり価値は割引かれない。

# 人生には「我慢」が大事

## ▶ 時間的非整合性 〔図3〕

ダイエットや試験勉強、禁煙、貯金など、長期的な大きな利益を得るための計画を立てていても、目先の利益のために、計画に反する行動をとると、時間的非整合性が起こる。

| 長期的な計画 | 目先の利益 | 時間的非整合性を起こさない対策 |
|---|---|---|

1年で10kgやせる！

整合性が取れない！

ダイエットは明日から

●将来より今を優先する自分を自覚する

●自動積み立てで貯金したり、ジムに入会してダイエットするなどして誘惑を抑えこむ　など

将来的に大きな利益を目指して計画を立てる。

短期的な利益を優先して、計画を台無しにする。

## ▶ マシュマロ実験 〔図4〕

約50年前におこなわれた実験。追跡調査によって、マシュマロを我慢できた子どもは、学業の成績がよく、将来の収入も高い傾向が見られた。

4歳の子どもの前にマシュマロを1つ置き、「15分くらい部屋を出るけど、戻るまでにマシュマロを食べないで我慢できたら、もう1つあげるよ」といって部屋を出る。

| | 我慢できた子 | 我慢できなかった子 |
|---|---|---|
| 18年後（22歳） | 学業成績が高い | 学業成績が低い |
| 41年後（45歳） | 社会的地位が高い | 社会的地位が低い |
| | 高収入 | 低収入 |

行動経済学で何がわかる？ **1**章

# 13 心の中の会計処理 「心理会計」って何？

**なるほど！** 心の中には、用途ごとに**複数の帳簿**があり、**用途に合った帳簿**からお金を使ってしまう！

　ヒトは何か行動をするとき、「それによって、どのくらいの満足（効用）を得られるか」と、常に頭の中で計算をしているのです。そして、お金を全体として管理しているのではなく、**用途（名目）ごとに複数の帳簿（勘定）で管理しています**。ヒトがお金に関する意思決定において無意識におこなうこうした処理を、**「心理会計（メンタル・アカウンティング）」**といいます〔**図1**〕。

　例えば、**お金は入手方法がちがうと、価値の感覚が変わります。**働いて得た10万円は大事に使うけれど、ギャンブルで得た10万円は荒っぽく使いがちです。これは、苦労して得たお金を「大切に使うお金」という帳簿に記録して、楽して得たお金を「散財できる臨時収入」という帳簿に記録しているからなのです。

　また、お金を使うときに**帳簿がちがうと、節約モードになったり、散財モードになったりします。**帳簿が「生活費」のときは、10円値上がりした卵を買うかどうか迷ったり、こまめに節電して電気代をおさえたりしますが、帳簿が「娯楽費」のときは、旅行で散財したり、高級ブランド品を衝動買いしたりしてしまいます。

　心理会計は、お金だけでなく、**無意識のうちにプライドや自己顕示欲など、さまざまな感情の影響を受けます**〔**図2**〕。

# 心の勘定科目で損得を判断する

## ▶ コンサートのチケット購入に関する実験〔図1〕

行動経済学者セイラーは、被験者たちに、AとBの2つのシナリオを見せて、「当日券を1万円で買うか?」と質問した。

**A** 会場に着いたとき、購入していた1万円の前売り入場券をなくしたことに気づいた。

**買うと答えたのは46%**

すでに「チケット代勘定」に1万円が計上されているので、当日券を買うと、2倍払う感覚となり、「もったいない!」と感じる。

**B** 会場に着いて、1万円の当日券を買おうとしたら、用意していた1万円をなくしていることに気づいた。

**買うと答えたのは88%**

なくした1万円は、「現金勘定」に計上されている。当日券1万円は、新たに「チケット代勘定」に計上されるため、「もったいない」と感じにくい。

**金額が同じでも、心の中の帳簿の管理がちがうと意思決定が異なる!**

## ▶ 心理会計に影響する感情〔図2〕

「何によって満足するか」は個人によってちがうが、プライドや見栄、自己顕示欲、承認欲求などが強く影響すると、合理的な判断ができなくなる可能性が高まる。

ローンなどで高級ブランドを購入して満足する人は、心理会計に虚栄心が影響している。

行動経済学で何がわかる? **1章**

# 行動経済学を使って不要なモノを捨てる！

モノを捨てたいけど、捨てられない人は、「保有効果」を自覚して、「捨てて得られる利益」に目を向けましょう。

　必要なモノだけを残して、必要ないモノはバッサリ捨てようと決意しても、「これは思い出の…」「もったいない…」という感情がよぎると、なかなか捨てられませんよね？　実は、「モノを捨てられない」という執着には、**自分が保有しているモノには価値を感じるという「保有効果」**が影響しています。

　**プロスペクト理論**を提唱したカーネマンは、学生を２つのグルー

プに分け、Aグループにはマグカップを与えたあとに「いくらなら売る？」と質問し、Bグループには、同じマグカップを見せて、「いくらなら買う？」と質問しました。すると、平均して、Aグループの学生は「7.12ドルなら売る」、Bグループの学生は「2.87ドルなら買う」と答えました。**マグカップを保有したことで、価値が2倍以上も高くなったのです**〔**下図**〕。

保有効果は、プロスペクト理論によって理解することができます。マグカップの実験では、マグカップをもらった瞬間に、**リファレンス・ポイント（⇒P26）が「マグカップを保有」に移動しました**。このため、マグカップの「損失」に心理的抵抗が生まれたのです。

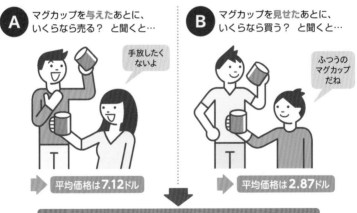

保有効果の実験　カーネマンは、学生をA・Bのグループに分けて保有効果を調べた。

A　マグカップを与えたあとに、いくらなら売る？　と聞くと…

手放したくないよ

平均価格は**7.12**ドル

B　マグカップを見せたあとに、いくらなら買う？　と聞くと…

ふつうのマグカップだね

平均価格は**2.87**ドル

マグカップを保有したことで、価値が2倍以上になった！

モノを捨てられない人は、保有効果を意識し、損失ばかりに目を向けるのではなく、「部屋が片づく」「掃除が楽になる」といった、**モノを捨てて得られる利益**に目を向けてみましょう。

# 14 ヒトが直感で物事を決めてしまうのはなぜ?

 **なるほど！** 脳が処理できる**情報量**には**限界**があるため、ヒトは**直感**をはたらかせて**意思決定**をしている！

例えば、コンビニでジュースを選ぶとき、置いてあるジュースを全部調べて、分析したうえで、「これが一番おいしそうだ」と予想して選びますか？　そんな面倒なことはしませんよね。では、私たちは、どうやってジュースを選んでいるのでしょう？

ヒトは重要な意思決定をするとき、**可能な限りの情報を集め、じっくり分析・検討したうえで、ベストの結論を出そうとします**。この情報処理を、**「システマティック」**といいます。しかし、私たちは日々、数限りない情報に囲まれ、1日に数万回ともいわれる意思決定をしています。脳の情報処理能力**「認知資源」**には限界があるため、すべての物事をシステマティックに判断すると、脳はパンクしてしまいます。認知資源を節約するため、私たちは**情報をざっくりと把握し、直感をはたらかせて意思決定をしています**。この情報処理を、**「ヒューリスティック」**といいます〔**図1**〕。また、ヒューリスティックによって引き起こされる不合理な判断を**「認知バイアス」**といい、さまざまな種類が知られています。

ヒューリスティックにはいくつか種類がありますが、一番わかりやすいのは、**「単純化のヒューリスティック」**です。複雑な情報を単純化することで、**「四捨五入」**などが代表的です〔**図2**〕。

# 「ざっくり」把握し、「直感」で判断

## ▶ システマティックとヒューリスティック〔図1〕

アメリカの社会心理学者チェイキンらは、ヒトの情報処理の方法として、「システマティック」と「ヒューリスティック」の2種類を提唱した。

### システマティック

ワイン好きの上司にワインをプレゼントする場合、ワインについて徹底的に調べる。

可能な限り情報を集めて、細かく分析する

### ヒューリスティック

親しい友人との飲み会に持参するワインを選ぶ場合、CMで見た商品などを適当に選ぶ。

ざっくりと情報を把握し、直感で判断する

## ▶ ヒューリスティックの種類〔図2〕

ヒューリスティックは、情報処理の手法などによって4種類に分類できる。

### 単純化のヒューリスティック
「四捨五入」など、複雑な情報をざっくり単純化する。

### 利用可能性ヒューリスティック(➡P48)
利用しやすい(思い出しやすい)情報を過大評価する。

### アンカーリング(➡P52)
最初にインプットされた情報が意思決定に影響を与える。

### 代表性ヒューリスティック(➡P56)
典型的なイメージや、経験に基づいて意思決定をする。

行動経済学で何がわかる？ **1**章

# 15 よく目にする情報は過大評価しやすい？

**なるほど！** 「利用可能性ヒューリスティック」の作用で、思い出しやすい情報を利用してしまう！

直感で判断してしまう心理「**ヒューリスティック**」のうち、「**利用可能性の高い（利用しやすい）情報**」を過大評価してしまうことを、「**利用可能性ヒューリスティック**」といいます。

利用可能性の高い情報とは、「**思い出しやすい情報**」のことです。ヒトは、意思決定をするとき、あらゆる情報を収集して分析するのではなく、テレビやインターネットなどで**かんたんに入手できる情報や、記憶に鮮明に残っている情報**を利用する傾向があります。例えば、コンビニでジュースを選ぶとき、「CMで見たジュース」や「前に飲んでおいしかったジュース」を選びがちですよね。ヒトは、限られた情報や、限られた記憶に頼ってしまうのです〔**図1**〕。

情報の利用可能性には、「**物理的利用可能性**」と「**認知的利用可能性**」の2つの基準があります〔➡P50**図2**〕。

**物理的利用可能性とは、新聞や雑誌、テレビ、インターネットなどで誰でも入手できる**という基準です。入手した人によって、情報の内容に差はありませんが、同じ商品のCMを何度も見ると、「いい商品かもしれない」と思いこんだり、インターネットで検索しても見つけられない情報は、「見つからない情報」と、あきらめてしまうことがあります〔➡P50**図3**〕。

# ▶利用可能性ヒューリスティック〔図1〕

利用可能性ヒューリスティックは、客観的には低い確率であっても、高い確率で発生すると思いこむ「決定の重み付け」（➡P30）と関連がある。

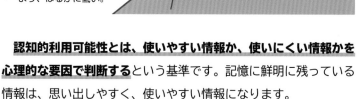

飛行機事故のニュースが流れると、「飛行機に乗るのは危険」と認識し、自動車に乗ってしまう。しかし、飛行機事故の発生確率は、自動車事故の発生確率より、はるかに低い。

　**認知的利用可能性とは、使いやすい情報か、使いにくい情報かを心理的な要因で判断する**という基準です。記憶に鮮明に残っている情報は、思い出しやすく、使いやすい情報になります。

　しかし、ヒトの認知能力は常に正しいとは限りません〔➡P51 **図4**〕。例えば、コンビニと美容院の全国の店舗数を比較すると、美容院の方がコンビニより4倍以上も多いのですが、多くの人は「コンビニの方が多い」と思っています。これは多くの人にとって、美容院よりコンビニの利用頻度が多く、思い出しやすかったため。**自分が経験したことは記憶しやすく、経験していないことは記憶しにくい**という心理が影響しているのです〔➡P51 **図5**〕。

　このように、**主観に基づいた使いやすい情報は、まちがった判断をしてしまう**ことがあります。これを避けるには、過去の経験を理論的に分析したり、正確に記録したりして、できるだけ客観的な情報を利用するように心がけることが大切です。

行動経済学で何がわかる？ **1章**

# 入手しやすい情報で判断する

## ▶ 情報の利用可能性の2つの基準〔図2〕

情報の利用可能性には、「物理的利用可能性」と「認知的利用可能性」の2種類の基準がある。

### 物理的利用可能性

**基準** 物理的に入手可能、あるいはアクセスしやすい情報など。

**例** インターネットに掲載される情報、新聞・テレビ・雑誌などで入手可能な情報。それぞれの個人にとって、入手の可否にほとんど差異がない情報など。

### 認知的利用可能性

**基準** 自分の記憶のなかで鮮明に残っている情報、あるいは新しく入手した情報など。

**例** 自分の記憶や経験のなかで、鮮烈な印象として残っているような情報。人間は意思決定をおこなう場合、心理的に、どうしても明確に意識にある情報をてっとり早く利用することが多い。

## ▶ 物理的利用可能性〔図3〕

テレビやインターネットなど、物理的な方法でかんたんに得られた情報は、過大評価されやすい。

### 物理的利用可能性の例

開いてある本の上にチョコレートがあり、本の下にキャンディーがかくれているとき、チョコレートは認識するが、見えていないキャンディーは認識されない。

チョコレート！
食べよう！

本の下にかくれているキャンディー

CHOCOLATE

# 「思い出しやすさ」で歪む認知

## ▶ 認知的利用可能性に関する実験〔図4〕

心理学者ノーバート・シュワルツは、被験者たちを2グループに分けて、Aグループには6例、Bグループには12例、「積極的に自己主張したエピソード」を思い出してもらい、積極性を自己評価してもらった。

**A グループ** 6例は数が少なく、かんたんに思い出せた。

**B グループ** 12例は数が多すぎて、なかなか思い出せなかった。

自分を積極的と評価！

自分を消極的と評価…

## ▶ 経験したことは「思い出しやすい」〔図5〕

心理学者ロスは、夫婦の家事の分担を調査した。夫婦それぞれに、「皿洗い」「掃除」など20項目について、自分の貢献度の割合を記入してもらった。

自分の貢献度は **40%**

自分の貢献度は **90%**

多くの項目で合計が **100%** を超えた

夫も妻も自分の方が貢献していると感じている！

自分のした家事は、相手がした家事より思い出しやすいので、過大評価してしまう！

行動経済学で何がわかる？ **1章**

# 16 最初の情報が錨になる？ 「アンカーリング」

**なるほど！** ヒトは無意識のうちに**最初にインプット**された情報に引きずられ、**意思決定**をしている！

　セールで、定価2万円の服が「50%オフ」の1万円で販売されていたら、「安い！　お得！」と思いますよね。でも、その服の相場の価格は1万円かもしれません。一般客は専門知識がないため、商品の価値を正確に知ることができません。このため、**「通常価格」「希望小売価格」などの表示を適正な価格として判断**しがちです。

　このように、**最初にインプットされた情報が無意識にアンカー（錨）となり、知らず知らずのうちに意思決定に影響を与える**ことがあります。これが、**「アンカーリング（係留効果）」**です。**「係留と調整ヒューリスティック」**とも呼ばれます〔**図1**〕。

　アンカーリングは、価格の割引だけでなく、交渉で最初にハードルの高い要求をしたあと、少しずつ要求レベルを下げるなど、ビジネスにも活用されています。また、日常生活でも、例えば30分ほど遅刻しそうなとき、相手に「1時間くらい遅れそう」と伝えておくと、「1時間」がアンカーになるので、到着したとき、相手は「30分遅刻したけど、急いでくれた」と、思ってくれます。

　アンカーリングは、投資家などの専門家も影響を受けます。株の世界には、**「高値覚えと安値覚えは損のもと」**といった言葉があります。過去の高値や安値がまちがった基準となるのです〔**図2**〕。

# 最初の参考値への過大なウェイト

## ▶ アンカーリングの実験 〔図1〕

カーネマンとトヴェルスキーは、Aグループ、Bグループに分けた学生に対して、下のような2つの「かけ算」の問題を出し、5秒以内に即答することを求めた。正解は2つとも同じで、**40320**である。

**A** グループ

$1×2×3×4×5×6×7×8=?$

回答の平均値は **512**

**B** グループ

$8×7×6×5×4×3×2×1=?$

回答の平均値は **2250**

Aグループは、最初に目に入った「1×2×3…」という小さな数字がアンカーとなったため、回答の数値が大きく下回った！

## ▶ 高値覚えと安値覚え 〔図2〕

株の売買においては、過去の高値や安値をもとに判断をすると、失敗しがちなため、「高値覚えと安値覚えは損のもと」という言葉がある。

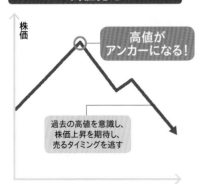

**高値覚え**

株価

高値がアンカーになる！

過去の高値を意識し、株価上昇を期待し、売るタイミングを逃す

時間

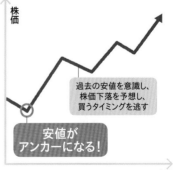

**安値覚え**

株価

過去の安値を意識し、株価下落を予想し、買うタイミングを逃す

安値がアンカーになる！

時間

行動経済学で何がわかる？ **1**章

# 17 大切なのは第一印象? それとも別れ際?

**なるほど!** 最初に受けた印象が強く残る「初頭効果」も 最後の印象が強く残る「新近効果」も大事!

　面接のアドバイスでは、**「第一印象が大事」**とよくいわれますよね。**初対面の印象は、強く記憶に残る**ため、その人の印象を形成するうえで、大きな影響を与えます。このように、**最初の情報が意識のなかで大きな印象となって残り、それが情報全体に対する感覚を支配してしまうことを、「初頭効果」**といいます〔**図1**〕。

　例えば、初対面で、「やさしそう」といった印象を受けると、「あの人はやさしい」という確固なイメージができあがるのです。このため、ビジネスにおいても、最初にポジティブな情報を伝えたり、初回の接客を特にていねいにするといった対応が効果的です。

　初頭効果とは逆に、**最後に受けた情報が印象や記憶に影響を与える**ことがあります。これを、**「新近効果」**といいます。例えば、店から帰る客に、ていねいにお辞儀をすると、好印象を残すことができます。

　また、新近効果と似た心理効果に、感情が最高潮になる「ピーク」や、できごとの最後「エンド」の印象が全体の印象を決定づける**「ピークエンド効果」**もあります。この効果は、**ピークとエンドが一致したとき、さらに強まります**。映画のラストのクライマックスシーンなどは、ピークエンド効果を利用しています〔**図2**〕。

# 「最初」と「最後」が効果的

## ▶ 初頭効果 〔図1〕

第一印象は、その後の相手の評価を決定づける。このため、最初の印象とちがう情報が入ってきたときに葛藤が起こり、最初の印象を変えることに抵抗が生まれる。

### 第一印象

第一印象で「いい店員」という印象をもつと、好印象が決定づけられる。

### ちがう情報

「愛想がない」など、第一印象とちがう情報が入った場合、「いい店員」という評価を変えるのがむずかしいため、「何か理由がある」と考える。

## ▶ 新近効果とピークエンド効果 〔図2〕

「最後の情報が記憶に残る」効果には、新近効果やピークエンド効果がある。

### 新近効果

例えば、クレームに対して最後にていねいに謝罪すると、好印象をもたれる。

### ピークエンド効果

例えば、長時間、行列に並んで疲れていても、食事がおいしいと楽しい思い出になる。

# 18 典型的なイメージや 経験に基づいた判断？

「ツーといえばカー」、「日本といえば富士山」などというように、ヒトはしばしば、ものごとの詳細をすべて調べるのではなく、**典型的（代表的）な思考のパターンやイメージ、経験に基づいて判断し、意思決定をおこないます**。これを、**「代表性ヒューリスティック」**と呼びます〔**図1**〕。**「代表性バイアス」**とも呼ばれます。

例えば、「あの企業は最終利益ベースで黒字だ」と、知人から話を聞いた人が、「あの企業の長期の成長はまちがいない。以前、黒字企業の株でもうけたから、あの企業の株を買おう」と考えたとします。しかし、この判断は必ずしも正しいといえません。

冷静に考えると、黒字企業の株価が上昇するとは限りません。黒字であっても、不適切な会計処理の問題が発覚したり、製品の競争力が失われたりすることで、急速に経営体力が失われ、事業運営が危機的状況に陥ることがあります。つまり、「黒字企業は優良企業。株価上昇は確実」という、**過去の経験（スキーマ）に基づいた判断は、ときとして合理的な意思決定を妨げてしまう**のです〔**図2**〕。

代表性ヒューリスティックは**迅速な意思決定の助けになる一方、思わぬ見落としのリスクが潜んでいます**。「急がば回れ」というように、ものごとの詳細を調べてから意思決定することが大事です。

# 典型的なイメージで判断する

## ▶ 代表性ヒューリスティックの例〔図1〕

迅速な判断が可能になる代表性ヒューリスティックは、身近に数多く存在するが、正確な情報に基づいているとは限らない。

**芸能人は不倫する**

芸能人の不倫ニュースに頻繁に接している人は、「芸能人はすぐに不倫する」と思いこんでしまう。

**国産野菜は安全**

国産野菜 安心安全！

「国産野菜は農薬が少ないので安全」というイメージをもつ人が多いので、スーパーなどで特設コーナーが設けられている。

## ▶ ヒューリスティックによる判断ミス〔図2〕

黒字企業でも、問題を抱えている場合があるが、「黒字企業は、優良企業」と判断すると、ときとして不合理な意思決定をしてしまう。

**黒字の企業**

黒字が続いているから株を買おう

実は、主力商品の売り上げが伸びず、将来性がない場合も

**赤字の企業**

赤字が続いているから株を売ろう

実は赤字は設備投資のためで、新技術が開発され、将来性がある場合も

行動経済学で何がわかる？ **1章**

# Q 学生時代に学生運動をしていた女性が就いた職業は？

| 銀行員 | or | フェミニズム運動家 | or | フェミニズム運動家の銀行員 |

31歳で独身の女性リンダは、社交的で明朗な性格です。学生時代には哲学を専攻し、差別や社会正義に関心があり、反核デモにも参加しました。さて、リンダの現在の職業は何でしょう？

カーネマンとトヴェルスキーが、代表性ヒューリスティックを調べるためにおこなった**「リンダ問題」**という実験です。結果は、約85%の人が「フェミニズム運動家の銀行員」と答えました。

理論的に考えてみると、**「フェミニズム運動家の銀行員」**は、必ず**「銀行員」**に含まれるので、銀行員である確率の方が明らかに高

**くなります**。しかし、「哲学」「差別」「社会正義」「反核デモ」といった言葉から、フェミニズム運動家を連想し、「フェミニズム」という言葉が入った選択肢を選んでしまったのです。このように、**特殊な状況の方が、一般的な状況よりも事実らしい（確率が高そう）とかんちがいすることを、「連語錯誤」（合接の誤謬）といいます。**

カーネマンは、連語錯誤をわかりやすく解説するために、次のような実験も紹介しています〔**下図**〕。

### 連続するサイコロの目の確率

4面が緑、2面が赤のサイコロがある。このサイコロを何回か振ったとき、次の3つで一番起きそうな目の順番はどれか？

**❶ 赤緑赤赤赤**

**❷ 緑赤緑赤赤赤**

**❸ 緑赤赤赤赤赤**

緑が出る確率は $\frac{2}{3}$、赤が出る確率は $\frac{1}{3}$ になる。

結果は、多くの人が❷を選び、次に❶が多く、❸を選んだのはわずかでした。緑が出る確率は、赤が出る確率の2倍になるため、❷の確率が高そうに見えますが、実は、**❷は❶の先頭に緑を加えたもの**です。このため、❷の確率が❶より高くなることはありえないのです。これも連語錯誤で、確率をかんちがいする一例です。

# 19 直感で確率がズレる？「条件付き確率の誤り」

**条件が複雑なとき、短絡的に反応することで、主観的な確率と、実際の確率とがズレてしまう！**

　私たちは、ヒューリスティック（➡P46）によって複雑な情報を迅速に処理できますが、条件が複雑なとき、自分の直感に頼って、**実際に起きる確率に大きなズレが生じてしまう**ことがあります。

　わかりやすい例で説明してみましょう。ある夫婦に2人の子どもがいて、1人が男の子のとき、もう1人が男の子である確率はどうなるでしょう？　直感的には、「$\frac{1}{2}$」だと思いますよね？　しかし、これはまちがい。正解は$\frac{1}{3}$です。2人の子どもの性別パターンは、「男・男」「男・女」「女・男」「女・女」の4パターンですが、「1人が男」という条件があるので、「女・女」のパターンは除外されます。つまり、「男・男」「男・女」「女・男」の**3パターンから1つを選ぶことになるので、確率は$\frac{1}{3}$になる**のです。

　このように、条件が複雑なとき、短絡的・直感的に反応して確率をかんちがいしてしまうことを、**「条件付き確率の誤り」**といいます。条件付き確率とは、**「あることが起きたという条件のもとで、別のことが起きる確率」**のことです。

　カーネマンは、タクシーひき逃げ事件を例題にして、「条件付き確率の誤り」を説明しています〔**右図**〕。この例も、**「直感」で判断することの危険性**を教えてくれます。

# 直感で確率をまちがえる

## ▶「タクシーひき逃げ事件」の例題

ある夜、1台のタクシーがひき逃げ事件を起こした。この市では、緑タクシーと青タクシーの2社が営業しており、事件とタクシー会社について以下の情報がある。

**1** 市内の**85%**は緑タクシーで、**15%**が青タクシー

**2** 事件の目撃者は、「タクシーは青だった」と証言している

**3** 目撃者が青か緑かを正しく識別できる確率は**80%**、誤認する確率は**20%**

### ひき逃げを起こしたのが青タクシーである確率は？

**正解** 確率は約**41%**

直感では「**80%**」と答える人が多かった！

**解説** 「タクシーが青だった」という証言には、証言者が緑タクシーを青と誤認した場合も含まれる。このため、証言どおりに青タクシーが犯人である確率は、「青タクシーを青と正しく証言する確率」÷「青タクシーを青と正しく証言する確率+緑タクシーを青と誤認する確率」となる。

青タクシーを青と正しく証言する確率
$0.15 \text{(15%)} \times 0.8 \text{(80%)} = 0.12$

緑タクシーを青と誤認する確率
$0.85 \text{(85%)} \times 0.2 \text{(20%)} = 0.17$

青タクシーが犯人である確率
$0.12 \div (0.12 + 0.17) ≒ 0.41$（約41%）

行動経済学で何がわかる？ **1**章

# 20 誰かのせいにする？「帰属理論」

**なるほど！** 結果が出たあとに、**自分の予測**を過大評価し、予測を当てたのは**自分の能力**と解釈する！

テストで悪い点を取ったとき、「自分の勉強が足りなかった」とか、「問題がむずかしすぎた」など、その原因を考えますよね？　ヒトは、**ものごとの結果を、誰かのせいにする**傾向があります。これを「**帰属理論**」といいます。帰属理論には２タイプあり、**原因を自分自身に求める「内的要因（気質帰属）」と、原因を他人や状況など外部に求める「外的要因（状況帰属）」**があります〔**図1**〕。

一般的に、ヒトは成功すれば「自分の努力と才能のおかげ」、失敗すれば「そもそも無理な要求だった」などと考えがちです。このため、できごとの原因を正しく解釈できない場合もあります。

また、思い出しやすい情報を過大評価する「**利用可能性ヒューリスティック**」（➡P48）によって、「**後知恵バイアス**」が引き起こされます。後知恵バイアスとは、**実際に何かが起きたあとで、その事実を過大評価し、「そうなると思っていた」「だから、そう言ったのに」などと考えてしまうこと**〔**図2**〕。さらに、帰属理論の影響で、**「予想が当たったのは、自分の能力」**と解釈してしまうのです。

「最初から失敗すると思っていた」という後知恵バイアスに侵された組織は、チャレンジ精神が失われていきます。これを避けるには、結果の分析ではなく、行動を評価することが大切なのです。

# ヒトは自分に都合よく考える

## ▶ 帰属理論の分類〔図1〕

帰属理論を提唱した心理学者ワイナーは、成功と失敗の原因を8タイプに分類した。

| | 安定的<br>（変化しにくい） | | 不安定的<br>（変化しやすい） | |
|---|---|---|---|---|
| | コントロール<br>可能 | コントロール<br>不可能 | コントロール<br>可能 | コントロール<br>不可能 |
| **内的要因**<br>（自分） | 日頃の努力 | 能力 | 一時的な<br>努力 | 気分 |
| **外的要因**<br>（他人） | 教師の偏見 | 課題の<br>難易度 | 他人の<br>援助 | 運 |

## ▶ 後知恵バイアスの実験〔図2〕

被験者に、小説家アガサ・クリスティの書いた本の数を推定させると、平均値は51冊だった。数日後、被験者に正解（67冊）を知らせ、「最初のあなたの予想は何冊でしたか？」とたずねたところ、その平均値は63冊に上昇した。

| 最初の質問 | | 2回目の質問 |
|---|---|---|
| アガサ・クリスティが書いた<br>本の冊数は？<br><br>被験者の平均値<br>**51冊** | 数日後 → | 正解は67冊でした。<br>前回、何冊と答えましたか？<br><br>被験者の平均値<br>**63冊** |

正解（結果）を知ったあと、後知恵バイアスがはたらいて、
自分の過去の予想が正解に近くなった！

行動経済学で何がわかる？ **1**章

# Q コイントスで5回連続「表」。次に「表」が出る確率は?

| 20% | or | 50% | or | 80% |
|---|---|---|---|---|

コインを投げて、落ちたときの表裏で物事を決める「コイントス」。
コインを投げたとき、表と裏が出る確率は、それぞれ50%です。
では5回連続で表が出たときに、6回目に表が出る確率は何%でしょう?

5回連続で表が出たなら、「そろそろ裏が出そう」と思いませんか?
**しかし、コイントスは1回1回が独立しておこなわれるゲームなので、前回の結果が、次の結果に影響を与えることはありません。**
何回連続で表が出たとしても、次に表が出る確率は**50%**なのです。
しかし、確率が50%だからこそ、表が続いてしまうと、帳尻を合

わせるように、「次は裏かも」と予想してしまうのです。

このように、**特定のことが起きる確率を、自分の主観や感覚で勝手に高く見積もってしまうことを「ギャンブラーの誤謬（誤り）」**といいます。ギャンブラーの誤謬が起きる理由は、試行回数が少ないときに、偶然に起きたことに対して、無意識に**「大数の法則」**をあてはめてしまうからです。大数の法則とは、あることの回数を増やせば増やすほど、**あることが起きる理論上の確率に近づく**という法則。コイントスも、くり返せばくり返すほど、50%という確率に近づきますが、試行回数が少なければ成立しないのです〔**下図**〕。

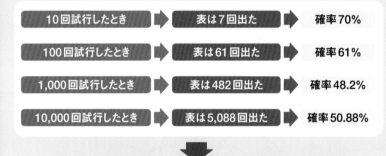

| 大数の法則 | 例えば、コイントスをして表が出た回数を実際に数えて、表が出る確率を計算してみると…。 |

| | | |
|---|---|---|
| 10回試行したとき | 表は7回出た | 確率70% |
| 100回試行したとき | 表は61回出た | 確率61% |
| 1,000回試行したとき | 表は482回出た | 確率48.2% |
| 10,000回試行したとき | 表は5,088回出た | 確率50.88% |

試行回数を増やすほど、理論上の確率「50%」に近づく！

「ギャンブラーの誤謬」におちいるのは、ギャンブラーだけではありません。例えば投資家が、「5日連続で株価が下がったから、明日には上がるはず」と思ったり、野球の解説者が、打率3割のバッターに3打席ヒットが出ていないとき、「そろそろヒットが出るはず」と言ったりするのも、ギャンブラーの誤謬の典型的な例です。

行動経済学で何がわかる？ **1章**

# 行動経済学を利用して、ムダな買い物にサヨナラ！

節約しているつもりでも、お金が貯まらない…。そんなあなたにこそ、行動経済学が必要です。

　お金が貯まらない人は、「割引」や「セール」につられて、不必要な商品を買っていませんか？　そんな人は、**「アンカーリング」**（➡P52）の影響を受けているかもしれません。「50％オフ」など、**価格が二重表示されている場合は要注意**。お店は、値引後の価格を表示して、「お得感」をアピールしているのです。また、「CM」や「口コミ」などの情報をもとに買い物をする人は、思い出しやすい情報

を過大評価する**「利用可能性ヒューリスティック」**（⇒ P48）に引きずられている可能性も。また、「お米といえばコシヒカリ」など、典型的なイメージを過大評価してしまう**「代表性バイアス」**（⇒ P56）にも注意が必要です。「有名メーカーなら安心」という思いこみによって、割高な商品を買い続けているかもしれません。

　ポイントカードにも注意が必要です。**「保有効果」**（⇒ P44）で、自分が貯めたポイントに高い価値を感じるため、「安く買うこと」より「ポイントを貯めること」を優先するのです。また、ポイントには有効期限があるため、**「プロスペクト理論」**の損失回避傾向（⇒ P27）によって、「貯めたポイントを使わないと損」だと感じ、期限が迫ったポイントを利用して、ほしくもない商品を買ってしまいがちなのです。節約への確実な道は、購買意欲をあおる思惑に乗らないように注意し、買う前に本当に必要な商品かどうかをよく考え、低価格でも高品質な商品を買うことです。ポイントの保有効果に惑わされやすい人は、なるべく**現金**を使うこともオススメです。

## お金が貯まらない理由

### アンカーリング

割引率が大きいと、直感的に「お得」だと感じるため、スーパーで必要のない「見切り品」を買ってしまう。

### プロスペクト理論

ポイントの有効期限が迫ると、使わないと損だと感じ、必要のない商品でもポイントを利用して購入してしまう。

# 21 誤りを認めたくない？「認知的不協和」

**なるほど！** ヒトは**判断**をまちがえても、まちがいを**認めたくない**ので、**不協和**が生じてしまう！

定食屋に行ったあなたは、かつ丼にするか、刺身定食にするかを迷った末、刺身定食を選んだとします。しかし、思ったほどおいしくなかったとき、「かつ丼にしておけばよかった」と、後悔しますよね。私たちは、「自分の判断は正しい」と信じたいので、**自分の判断がまちがっていたことを示す証拠に直面したとき、「そんなはずはない」という思いが強くなり、不快感や葛藤などを抱きます**。これを、**「認知的不協和」**といいます〔**図1**〕。

認知的不協和が起きたとき、私たちは不快感を避けようとして、「自分の判断は正しかった」と思いこもうとします。例えば、上記の定食屋のケースでは、「かつ丼は高カロリーで体に悪いから、やめて正解だった」というように、**自分に都合のいい言い訳や理屈を考え出し、自分を納得させる**のです〔**図2**〕。

投資家が、保有する株の価格が下落したとき、その株を売って「損切り」できないのも、認知的不協和の影響です。損切りすれば、過去の自分の判断がまちがっていたことを認めることになります。これを避けるため、下落した株を抱えたまま、「下落は一時的なもので、いずれ株価は上昇するはず」などと、**詭弁を弄して自分の心をごまかしてしまう**のです。

068

# 自分を正当化する心理

## ▶ 認知的不協和 〔図1〕

認知的不協和の典型的な例として、「喫煙者の不協和」がある。

喫煙者が「タバコは健康に有害」という情報に接する。

タバコは

有害です!

健康のために
タバコを
やめたい…

タバコを吸いたいけど、健康でいたいという葛藤（認知的不協和）が生じ、不快感を解消しようとする。

## ▶ 認知的不協和を解消する方法 〔図2〕

### 1 行動の変更

「禁煙を実行する」など、最も理論的な方法。ただし、禁煙は苦痛なので、むずかしい場合が多い。

### 2 認知の変化

「少しくらいタバコを吸っても、健康にはそれほど害はないはず」など、不都合な認知を否定し、変化させる。

### 3 新しい認知の追加

「喫煙者でも長寿の人がいる」「タバコはストレス解消になる」など、新しい認知で不快感を減らす。

### 4 情報の選択的接触

「タバコは有害」というニュースを見ないようにするなど、意図的に情報に接触しないようにする。

行動経済学で何がわかる？ **1章**

# 22 「コミットメント」で失敗を認められない?

思い入れが強くなればなるほど、誤った判断をする可能性が高くなる!

　ヒトは将来の目標を立てても、ついつい目先の利益に惑わされてしまうものです。では、計画どおりに目標を達成する方法はあるのでしょうか?　それには、**計画を立てる段階で、将来の行動を決めて、それを必ず実行することを約束すること**です。これを、「**コミットメント**」（**思い入れ**）といいます。

　しかし、**コミットメントは必ずしも適正な判断にはつながりません。コミットメントがあまりに強すぎると、誤った判断をしてしまう**可能性があるのです〔**図1**〕。例えば、先代の社長の遺志を受け継いだ企業経営者が、「どれだけの犠牲を払っても、先代が残した事業を完成させる」と、強い決意（コミットメント）を表明するのは、合理的とは言えません。企業経営者としては、現在の企業の業績を最も重視するべきなのは明らかです。

　また、何かのプロジェクトに関わるとき、時間や労力、資金、人材などをつぎこむことで、コミットメントは強まり、**成功への欲求**が高まります。しかし、さまざまな事情でプロジェクトがうまく進まないことはよくあります。こんなとき、コミットメントが強すぎると、**「認知的不協和」**（➡P68）が発生し、「成功するまで引き下がれない」と、**損益を度外視した決断をしてしまう**のです〔**図2**〕。

# 「思い入れ」が心を乱す

## ▶ コミットメントが歪める意思決定 〔図1〕

自己満足度が優先するなど、情緒的なコミットメント（思い入れ）が強すぎる場合、合理的な意思決定ができなくなる。

コミットメント
の大きさ

コミットメントが大きいほど、
成功への欲求が高まる

不合理な
意思決定

コミットメントするがゆえに、
避けられない心理的な呪縛

## ▶ コミットメントの悪影響 〔図2〕

深く関わっているプロジェクトがうまくいかないとき、手を引くことが合理的でも、失敗を認めて引き下がることができなくなる。

店舗を拡大する！

新規出店を続ける！

想定した戦略
どおりに事が
運ばず、新規出店は
控えた方がよい
状況になる

「100店舗の新規出店」というプロジェクトをかかげた場合、目標を明確化し、時間や労力をつぎこんでコミットメントを強める。

コミットメントにしばられて、損失が出ることが明確になっても、「プロジェクトの成功」を優先し、不合理な決断をする。

# 23 元を取りたい心理?「サンクコスト効果」

すでに費やしてしまって**回収できない費用**は、「もったいない」ので、取り戻したくなる！

「成功するまで撤退できない」という不合理な判断をしてしまうのは、コミットメントだけでなく**「これまで費やしてきた時間や労力、資金を無駄にしたくない」**という心理もはたらいています。

　**すでに費やしてしまって回収できない費用（埋没費用）を取り戻そうとする心理を、「サンクコスト効果（コンコルド効果）」**といいます。コンコルドとは、多額の開発費が費やされた超音速旅客機のことです。採算が合わないことがわかった後も、「これまでの費用がムダになる」として開発が続けられ、最終的には大赤字を出して、開発は中止となりました。

　サンクコスト効果は、身近に数多く見られます〔**図1**〕。例えば、つまらない映画でも、「途中でやめたらもったいない」と、最後まで見てしまったり、ギャンブルで元手を回収しようとして、さらに損失を増やしてしまったり、なかなか進まない行列に最後まで並び続けたりするのも、サンクコスト効果の影響です。

　**サンクコストは取り戻せないので、プロジェクトの失敗がわかったら、早い段階で撤退するのが合理的**です。しかし、ヒトには**損失回避傾向**があるため、損が確定するのを嫌い、「せっかくここまでやったのだから」と、撤退できなくなってしまうのです〔**図2**〕。

# 「勇気ある撤退」はむずかしい

## ▶ サンクコスト効果の身近な例〔図1〕

「これまで使ったお金がもったいない」というサンクコスト効果は、身近に数多く見られる。

### 飲食店の行列

有名店の行列に並んだ場合、途中で抜けたくなっても、「ここまで並んだからもったいない」と思い、並び続ける。

### 食べ放題

食べ放題の店に入ると、「元を取りたい」と考えて、満腹で苦しくなっても食べてしまう。

## ▶ サンクコスト効果から逃れる方法〔図2〕

サンクコスト効果は誰もが影響を受けるものなので、逃れるのはかんたんではないが、いくつか対処法がある。

### ゼロベースで考える

サンクコストは、何をしても回収できない。まずは、**白紙の状態から**考えて、現在から将来にかかるコストで判断する。

### 事前にルールを決める

プロジェクトを開始する前に、撤退する場合の条件や限度を決めておき、その**決めたルール**をしっかり守るようにする。

### 第三者の意見を聞く

自分では冷静だと思っていても、とらわれてしまう「サンクコスト」だが、**客観的な意見**で冷静さを取り戻すようにする。

行動経済学で何がわかる？ **1章**

# 24 他人には厳しくなる？「基本的な帰属の誤り」

**なるほど！** 自分の失敗は、環境や状況のせいだと考え、他人の失敗は、能力不足のせいだと考える！

「帰属理論」（→ P62）によって、ヒトは、他人の行動の原因を考えるとき、**その人の置かれた環境や状況などの外的要因よりも、その人の性格や能力などの内的要因を重視しがち**です。このため、**「基本的な帰属の誤り」**が生じます。 基本的な帰属の誤りが生じるのは、**「行為者－観察者バイアス」**が作用しているためです〔**図１**〕。**行為者－観察者バイアス**とは、他人の行動には基本的な帰属の誤りが生じるのに対して、**自分の行動は環境や状況など、外的要因に帰属させる**心理傾向のこと。かんたんに言えば、**「他人には厳しく、自分にはやさしい」**という心理です。

　このバイアスが生じるのは、自分が「行為者」のときは、自分の視界に自分の姿は存在しないのに対して、自分が「観察者」のときは、他人を含めた状況が視界に入るためだと考えられています。

　例えば、資産運用をファンドマネージャー（投資信託の運用者）に任せていた投資家は、利益が出た場合、「あの運用者を選んだ自分には見る目がある」と考え、運用者は「自分の才能のおかげ」と考えます。しかし、損失が出た場合、投資家は「あの運用者のせいで損した」と、運用者の能力のせいにしがちです。そのため運用者は、**自分の失敗に対する「説明責任」が生じてしまう**のです〔**図２**〕。

# ヒトは他人の立場では考えない

## ▶ 行為者ー観察者バイアス〔図1〕

| 他人の失敗 | 自分の失敗 |
|---|---|
| その人の能力・性格のせいで失敗したと考える | 環境や状況、他人などのせいで失敗したと考える |

> 努力が足りないから営業に失敗するんだ

> そもそもウチの条件が悪いから失敗するんだ

### 基本的な帰属の誤りが発生する！

## ▶ ファンドマネージャーを取り巻く説明責任〔図2〕

| | 損失を出した場合 | 利益を出した場合 |
|---|---|---|
| 投資家 | 「あいつのせいで損した」などと、基本的な帰属の誤りで運用者を責める。 | ファンドマネージャーを信頼し、「もっと委託しよう」と考える。 |
| | **説明責任を求める** ↓ | ↑ **能力をアピールする** |
| ファンドマネージャー | 「全面的な株安で…」などと、投資家に対する説明責任が生じ、受託資金も失う。 | 「すべて予測していた」などと、成功を自分の能力のおかげだと考える。 |

行動経済学で何がわかる？ **1**章

# 25 なぜ、変われない？「現状維持バイアス」

変化を恐れるのは「現状維持バイアス」の
影響で現在の状態に価値を見出しているため！

「変わらなきゃ」と思っているのに、最初の一歩が踏み出せない…。変われないのは、**「現状維持バイアス」**の影響かもしれません。

　現状維持バイアスとは、**現在の状態に大きな価値を見出し、変化を避けようとするバイアス**（考えの偏り）のことです。現状維持バイアスは、誰もがかかりやすいバイアスで、いつも使っている製品を買い続けたり、なじみのレストランに通い続けたりするのもこの影響です〔**図1**〕。現状の利益から得ている喜びより、変化して損失が出た場合の悲しみの方が大きいと判断してしまう**「プロスペクト理論」**（➡P26）や、所有しているモノに価値を感じる**「保有効果」**（➡P44）のほか、最初に味わった満足感がずっと続いてほしいと願う心理などが影響しています。

　しかし、変化が必要なときに現状維持バイアスがかかると、「今のままで十分」と、**課題を先延ばし**にしがちです。また、せっかく変化しても、「前の方がよかった」と後悔を感じてしまいます。

　変化を恐れてばかりいると、時代に取り残されてしまうかもしれません。変化したくても心理的な抵抗があるときは、まず、**自分が現状維持バイアスにかかっていることを自覚**し、第三者にアドバイスを受けるなど、さまざまな対策を考えましょう〔**図2**〕。

# ヒトは「今」に執着する

## ▶ 現状維持バイアスの調査〔図1〕

アメリカのA州・B州では、2種類の自動車保険のうち、どちらか一方に初期設定（デフォルト➡P152）されていた。希望すれば保険の種類を変えることが可能で、その後、どの程度の人が変更したかを調査した。

A州の自動車保険
- 保険料は安い　● 補償範囲は狭い

B州の自動車保険
- 保険料は高い　● 補償範囲は広い

80%の人が変更しなかった

75%の人が変更しなかった

現状維持バイアスによって、
「初期設定を維持したい」「変化することは損失」
と考える傾向が生まれた！

## ▶ 現状維持バイアスから逃れる方法〔図2〕

「変わる勇気」をもつためには、まずは、自分が現状維持バイアスにかかっていることを自覚し、効果的な対策をとる必要がある。

**第三者に相談する**　信頼できる第三者に相談し、客観的なアドバイスをもらったり、判断してもらったりする。

**変化を小さくする**　急激な変化は、周囲の反発も大きい。小さな変化をくり返して、大きな変化につなげる。

**リスクを数値化する**　リスクを直感ではなく客観的に評価し、最大限の損失を数値化することで、不安感を取り除く。

# ヒトの心理を理解して、
# 自分のやる気を上げよう!

「どうしてもやる気が出ない…」。そんな悩みを解消したい人には、行動経済学の考え方を取り入れてみましょう。

　行動経済学では、やる気のことを**「モチベーション（動機づけ）」**といいます。モチベーションには、**報酬や評価などの外的要因による「外発的動機づけ」**と、**好奇心や探究心などの内的要因による「内発的動機づけ」**の2種類があり、効果が長続きするのは、内発的動機づけとされます。かんたんに言えば、「好き!　楽しい!　おもしろい!」と思えることは、やる気がずっと続くのです。

内発的動機づけを高めるには、**主体的に行動する「自律性」**と、**自分が役に立っていると感じる「有能感」、他人と信頼しあえる関係を築く「関係性」**という、３つの欲求を満たすことが重要だとされます〔**下図**〕。

　会社なら、自分から積極的に仕事に関わり、成功体験を積み重ね、人間関係を良好に保てると、モチベーションは高まるのです。でも、そうかんたんではありませんよね？

## 内発的動機づけを高める3つの欲求

| 自律性 | 有能感 | 関係性 |
|---|---|---|
| 自分が主体となって目標達成のために努力したい。 | 自分が組織の役に立っているという感覚をもちたい。 | 他人と深く結びつき、信頼しあえる関係を築きたい。 |

　そこで、「得をした喜びよりも、損をした悲しみの方が大きい」という、**「プロスペクト理論」**（⇒P26）を利用して、モチベーションをアップさせる方法もあります。

　つまり、「成功させたい」といった前向きな欲求ではなく、**「失敗したくない」といった、後ろ向きの欲求の方が、モチベーションは上がる**のです。成功して喜ぶ自分ではなく、失敗して悲しむ自分の姿をイメージしてみましょう。「やらなければ！」と、焦る気持ちがやる気に結びつくことでしょう。

行動経済学の研究でイグノーベル賞を受賞!

# 偽薬は高価な方が効く

イグノーベル賞とは、ノーベル賞に対するパロディーで、「人々を笑わせ、そして考えさせてくれる研究」に対して与えられる賞です。2008年、デューク大学の行動経済学者ダン・アリエリー教授は、ユニークな研究で、イグノーベル賞を受賞しました。その研究の内容は、「高価なプラセボ（偽薬）は、安価なプラセボより効力が高い」というものです。

プラセボとは、有効成分が含まれていない薬のことで、新薬の治療効果を調べるために使われます。薬だと信じてプラセボを飲んだ患者の中には、安心感などから自然治癒力が引き出され、症状が改善する人がいます。このため、新薬の本当の効果を知るためには、プラセボの効果を差し引く必要があるのです。

アリエリー教授は、同じプラセボでも価格によって効果にちがいが出るかを調べるため、被験者に電気ショックを与えた後、鎮痛剤（プラセボ）を処方し、被験者の半数に「鎮痛剤の価格は2ドル50セント」と伝え、残りの半数には「鎮痛剤は10セント」と伝えました。すると、同じプラセボでも、価格が高いと伝えた方が、高い効果が出たのです。ヒトは値段が高い方が効果があると思いこんでしまうのです。

**ダン・アリエリー**
（1967〜）　イスラエル系アメリカ人で、行動経済学研究の第一人者。著書『予想どおりに不合理』は全米ベストセラーになった。

# 2章

## もっと知りたい！
# 行動経済学の
# しくみ

経済学と心理学を融合させた行動経済学。
ハーディング現象やフレーミング効果など、
知っておきたい行動経済学の理論を、
心理学の成果もあわせて、解説していきます。

# 26 同じ内容の情報でも言い方で印象が変わる?

**なるほど!** 「フレーミング効果」で表現のしかたを変えると、与える印象を変えることができる!

　今、目の前に置かれたコップには、水が半分入っています。**「もう半分しかない」**と言われたときと、**「まだ半分ある」**と言われたときでは、印象がちがいませんか?　このように、**同じ内容の情報であるのに、表現する枠組み（フレーム）を変えることで、与える印象が変わることを「フレーミング効果」**といいます〔**図1**〕。ヒトは、ポジティブ（利益）を強調した表現の方が、ネガティブ（損失）を強調した表現よりも、魅力的に感じるのです。

　フレーミング効果は、広告や小売りなど、ビジネスの現場で活用されています〔**図2**〕。「タウリン5,000mg配合」といった栄養ドリンクの宣伝を見かけたことはありませんか?　これがもし、「タウリン5g配合」だったら配合量が少なく感じませんか?　5,000mgと5gは、単位はちがいますが、量は同じです。しかし、**1桁より4桁の数字の方が、大きい数だと認識してしまう**のです。

　また、宅配ピザチェーンなどで「2枚目は無料」というキャンペーンをよく見かけますよね。これは、「2枚買うと、2枚とも50%オフ」と同じ割引内容ですが、ヒトには、**「1円も失いたくない」**という**「損失回避傾向」**（➡P27）があるため、**「無料」**（➡P138）という言葉によって魅力度をアップさせているのです。

# 利得を強調すると魅力的

## ▶ フレーミング効果の実験 〔図1〕

フレーミング効果は、カーネマンとトヴェルスキーによる「複合くじ」の実験で理解できる。

**質問A** 無条件で1,000ドルを受け取る。次に、❶か❷のくじを選ぶ。

**くじ1** ほぼ**確実**に500ドルを**受け取る**

**くじ2** **50%の確率**で1,000ドルを**獲得**できるが、**50%で何も得られない**

➡ 84%が❶を選んだ！

**質問B** 無条件で2,000ドルを受け取る。次に、❸か❹のくじを選ぶ。

**くじ3** ほぼ**確実**に500ドルを**失う**

**くじ4** **50%の確率**で1,000ドルを**失う**が、**50%で何も失わない**

➡ 69%が❹を選んだ！

➡ ❶と❷、❸と❹は最終損益で考えると同じくじだが、利益を強調する❶と❹が、フレーミング効果で選ばれた！

## ▶ フレーミング効果の活用例 〔図2〕

**顧客満足度**

例
**購入者の90%が満足！**

「購入者の10%は不満」と強調すると逆効果。

**ポイント還元**

例
**10%ポイント還元！**

実際には値引きとは異なるが、ポイントを使って無料で買い物できることに好印象をもつ。

**予防商品**

例
**個人情報流出を防ぐ！**

⚠ WARNING
あなたの情報が盗まれてます

ウイルス対策ソフトを買わなきゃ！

セキュリティ関連の予防商品は、「利益を失う」ことを強調した方が、「対策しなければ」という心理がはたらく。

# 不安を感じている人を
# 安心させる話し方は?

ヒトはさまざまなことで不安を抱いていますが、確率の伝え方で、少し安心させられることができます。

あなたが手術を受けることになり、2人の医師のうち、どちらかを選べるとします。ひとりの医師は**「確率90%で成功します」**と説明し、もうひとりの医師は**「確率10%で失敗します」**と説明しました。どちらの医師を選びますか? おそらく、「確率90%で成功します」と説明した医師ですよね。

これは**「フレーミング効果」**（→ P82）の例で、2人の医師の説明内容は同じで、客観的な確率は変わりません。しかし、多くの人は、「確率90％で成功します」と、**ポジティブな面を強調して説明してくれる医師の方に安心感を抱く**のです。

　フレーミング効果の実験では、カーネマンとトヴェルスキーが考案した**「アジア病問題」**が有名です。

---

**アジア病問題**　アメリカで架空の感染症「アジア病」が流行し、600人が死亡するとされています。その対策に2つの案が提案されました。

### あなたは対策Aと対策Bのどちらを選びますか？

**対策A**　200人が助かる

**対策B**　確率 $\frac{1}{3}$ で600人が助かり、確率 $\frac{2}{3}$ で誰も助からない

......

### では、対策Cと対策Dなら、どちらを選びますか？

**対策C**　400人が死亡する

**対策D**　確率 $\frac{1}{3}$ で誰も死なず、確率 $\frac{2}{3}$ で600人が死ぬ

---

　実験の結果、最初の質問では、回答者の**72％が対策A**を選び、次の質問では、回答者の**78％が対策D**を選びました。これも、よく読めば、**対策AとC、BとDは、同じ内容**です。つまり、「助かる」というポジティブなフレーミング を選んでしまうのです。

　不安を感じている人をはげますとき、**ポジティブな側面の強調が重要**であることは、行動経済学からも明らかなのです。

# 27 選択肢は3つがベスト？「極端性回避の法則」

**なるほど！** 3つの選択肢があるとき、極端な選択を回避し真ん中の選択肢を選ぶ傾向がある！

　寿司店に入ったとき、「松：1,200円」「竹：1,000円」「梅：800円」の3つのメニューがあったなら、どれを選びますか？このとき、**最も売れるメニューは「竹」**です。もし、「梅：1,000円」「竹：1,500円」「松：2,500円」でも、一番売れるのは「竹」です。**ヒトは3段階の選択肢がある場合、一番上と一番下の極端な選択を回避して、真ん中の選択肢を選ぶ傾向があります。**これを、「**極端性回避の法則（松竹梅の法則・妥協効果）**」といいます。選ばれる比率は、「**松＝2：竹＝5：梅＝3**」といわれます〔**図1**〕。

　極端性回避の法則には、「**プロスペクト理論**」（➡ P26）が影響しています。価格が高いと「贅沢して失敗したら損」と感じ、価格が低いと「低品質だったら損」と感じるため、無難な真ん中を選んでしまうのです〔**図2**〕。このほか、「梅を選んでケチだと思われたくない」という**見栄**の心理も作用しています。

　**松竹梅の最適な価格比率は「松＝10：竹＝3：梅＝1」**とされます。松と竹の差よりも、竹と梅の差を小さくして、「もう少し出すと、もっといいモノが手に入る」と思わせるのがポイントです。ただ、ネット通販では見栄を張る必要がなく、購入者のレビューが判断材料になるため、極端性回避の法則は活用しにくくなります。

# 無難なモノを選びたい

## ▶ 極端性回避の法則の実験〔図1〕

トヴェルスキーらは、被験者たちにカメラを買うならば、A・B・Cのどれを選ぶかを質問し、その割合を調べた。

**A** のカメラ

低品質　低価格

価格は**116ドル**

結果**22%**

**B** のカメラ

中品質　中価格

価格は**239ドル**

結果**57%**

**C** のカメラ

高品質　高価格

価格は**466ドル**

結果**21%**

半数以上の人が真ん中の選択肢を選んだ！

## ▶ 極端性回避の原因〔図2〕

「損失回避傾向」により、ヒトは極端な価格に損失を感じ、避けようとする。

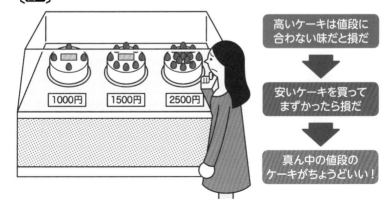

高いケーキは値段に合わない味だと損だ

安いケーキを買ってまずかったら損だ

真ん中の値段のケーキがちょうどいい！

1000円　1500円　2500円

# 28 「コントロールできる」というのはただの幻想?

 コントロールできない状況でも、**自分の力で、「コントロールできる」**と幻想を抱いてしまう!

　ヒトには、**自分の能力で、まわりの状況を思うようにコントロール（支配）したいという欲求**があります。この**「コントロールへの欲求」**は、ヒトの集中力に影響を及ぼします〔**図1**〕。

　しかし、コントロールへの欲求は、**幻想（イリュージョン）**をもたらします。例えば、あなたがルーレットをするとき、友人にルーレットを回してもらうこともできますが、自分で回したいですよね?

　ルーレットの当たる確率は、自分が回しても、他人が回しても変わりません。しかし、自分が回した方が、当たる確率が上がるように感じてしまうのです。このように、**コントールできないことであっても、「自分自身にはコントロール能力が備わっている」と錯覚してしまう**ことを、**「コントロール・イリュージョン」**といいます。「自分は雨男」「私は晴れ女」と自称している人も、コントロール・イリュージョンにとらわれているといえます。

　プロの投資家も、この錯覚にとらわれることがあります。購入した株式の銘柄が値上がりを続けたり、株価が下落する直前に売り抜けたりすると、**「自分は市場をコントロールしている」**と思いこんでしまうのです。こうした心理状況のとき、大きなリスクを見落としたり、まちがった判断をしたりしてしまうのです〔**図2**〕。

# 「支配している」という幻想

## ▶コントロールへの欲求と集中力〔図1〕

被験者たちをAとBのグループに分け、騒音の中で作業をしてもらう実験。

**A** 騒音の中で作業をする。

↓

作業効率がダウン…

**B** 騒音の中で作業をするが、騒音を止めるスイッチを使える。

実際には使わない

↓

Aグループより作業効率がアップ！

コントロールできるという状況が集中力に好影響を与えた！

## ▶コントロール・イリュージョン〔図2〕

コントロール・イリュージョンから逃れるのは専門家でもむずかしい。また、失敗した場合は、他人や状況のせいにしてしまう。

自分の予測どおりに株価が上昇した投資家は、「自分は市場の動きを予見できる」と幻想を抱く。

予測に反して株価が下落した投資家は、自分の能力以外のせいで予測が外れたと思いこむ。

もっと知りたい！ 行動経済学のしくみ **2**章

# 29 BGMの効果は絶大？ 音楽の「誘導効果」

**なるほど！** イメージや感情と深く結びついていた音楽は、商品の売れ行きや商品選択を左右する！

　スーパーやレストランなどでは、よくBGMが流れていますよね。**行動経済学では、BGMのさまざまな効果が注目されています**。まず、店内にBGMを流すと、エアコンの振動音や店外の騒音などが聞こえにくくなります。これを**「マスキング効果」**といいます。

　また、BGMには、**「イメージ誘導効果」**があります。**「利用可能性ヒューリスティック」**（⇒P48）の影響で、例えば、多くの人は**「クラシック音楽＝高級」**というイメージを抱きます。このため、**クラシック音楽をBGMにすると、高級感を演出できる**のです。

　ワインショップでの実験では、店内に流行曲を流したときより、クラシック音楽を流したときの方が、高級ワインが売れました。また、フランス音楽を流したときにはフランスワインが、ドイツ音楽を流したときにはドイツワインが多く売れたのです〔**図1**〕。

　このほか、音楽には**「感情誘導効果」**もあります。病院の待合室でオルゴール曲などが流れているのは、患者をリラックスさせるためです。スーパーでおこなわれた実験では、アップテンポのBGMを流したときより、スローテンポのBGMを流したときの方が客の移動速度が遅くなり、売り上げがアップしました〔**図2**〕。このように、**BGMは客の行動を誘導し、消費行動に影響を与える**のです。

# BGMで消費行動が変化する

## ▶ ワインショップでの BGM 実験〔図1〕

BGMが消費行動に与える影響を調べるため、ワインショップで実験がおこなわれた。

**クラシック音楽**

高級ワイン

**高級ワインの売り上げがアップ！**

クラシック音楽のとき、流行曲のときより、高級ワインの売り上げがアップした。

**フランス音楽**

フランスワイン

**フランスワインの売り上げがアップ！**

フランス音楽のとき、ドイツ音楽のときより、フランスワインの売り上げがアップした。

## ▶ BGM のテンポが与える影響〔図2〕

マーケティングを研究するミリマン教授は、スーパーでアップテンポのBGMとスローテンポのBGMを流して、客の消費行動を比較した。

**移動速度** 17%ダウン

**売り上げ** 38%アップ

アップテンポのBGMのときより、スローテンポのときの方が、店内での客の移動速度が遅くなった。そのため、滞在時間が長くなり、売り上げがアップした。

# 30 みんなと同じだと安心？「ハーディング現象」

**なるほど！** 群衆の意見や行動に**自分を合わせる**ことによって**安心感を得よう**とする！

　フードコートに行ったとき、思わず行列のできているお店が気になり、そっちに並びたくなるのはなぜでしょうか？　**群衆の行動に合わせて、自分も同じような行動をしたくなること**を、心理学では**「同調」**といい、行動経済学では**「ハーディング現象（群集心理）」**と呼びます〔**図1**〕。「（動物の）群れ」を意味する「ハード」に由来する言葉で、ヒツジが群れで走ったり、イワシが群れで泳いだりするように、**ヒトも他人と群れをなして、安心感を得たい**のです。

　しかし、多数派が常に正しい判断をしているわけではありません。「赤信号、みんなで渡れば怖くない」というブラック・ユーモアがあるように、**ハーディング現象は、誤った判断や行動を助長する**ことがあります。株式や不動産などが過剰に値上がりする**「バブル」**は、「みんなは買ってもうけている」「乗り遅れるわけにはいかない」と、焦った人たちが、次々と株式や不動産を購入することで拡大します。また、まわりが株を売りはじめると、多くの人は不安を感じて株を売るため、バブルは崩壊するのです。**リーマンショックやサブプライムローン問題**も、ハーディング現象だとされています。

　また、**「ステルス・マーケティング」**など、ハーディング現象を悪用する例もあるので、日頃から気をつけましょう〔**図2**〕。

# ヒトは周囲につられやすい

## ▶ ハーディング現象の実験 〔図1〕

アメリカのある町で、近所の家のドアノブに「冷房を切ってファンをつけよう」と記した3タイプのメッセージをかけて回った。

**A** タイプ

冷房からファンに変えると1か月に**54ドルも節約**できます！

**B** タイプ

環境に配慮し、停電を防ぐ**善良な市民に**なりましょう！

**C** タイプ

あなたの**近所の住民の77％**が冷房を切ってファンを回しています！

➡ Cを受け取った家庭の多くがファンに切り替えたため、電力消費量が大幅に下がった！

## ▶ ステルス・マーケティングの例 〔図2〕

消費者に宣伝であることを気づかれないように宣伝することを、ステルス・マーケティング（略称「ステマ」）という。

### サクラの行列

アルバイトなどに意図的に行列をつくらせ、繁盛しているように見せかける。

### ニセの口コミ

一般の消費者になりすまして、商品を高く評価したり、口コミ記事を書いたりする。

最高の化粧水

# 31 同じ人に会えば会うほど好きになってしまう?

**なるほど!** ヒトは、同じ人物や同じモノに**接触する回数が増えれば増えるほど、好感度がアップしていく!**

同じCMが何回も流れて、「またこのCMか」と思ったことはありませんか? これは、**「利用可能性ヒューリスティック」**(➡P48)の効果によって、CMを見た人がCMの商品を思い出しやすくなることをねらっていますが、**「単純接触効果」**も期待できます。

単純接触効果とは、**ある刺激に触れれば触れるほど、それを好きになっていく現象**のことで、心理学者ザイアンスの研究から、「ザイアンス効果」とも呼ばれます。ザイアンスは、被験者たちに、面識のない人物の顔写真を何度も見せる実験をしました。すると、顔写真を見せた回数が増えるにつれて、顔写真の人物に対する好感度がアップしたのです〔**図1**〕。はじめて会う人より、何度も会っている人に親近感を抱いてしまうのは、この効果の影響です。

ただし、上記のザイアンスの実験では、顔写真を見る回数が10回以上になると、好感度はあまりアップしませんでした。**「くどい」と思われると飽きられ、好感度が下がることもある**のです。

また、**「初頭効果」**(➡P54)の影響で、最初に悪印象を抱くと、その印象が強く残ります。そのため、**接触回数が増えるほど、悪印象が強まってしまいます**。単純接触効果はマーケティングで活用されていますが、逆効果にならないように注意が必要です〔**図2**〕。

# 接触回数が増えれば好きになる

## ▶ 単純接触効果の実験 〔図1〕

ザイアンスは、被験者に、面識のない人物の顔写真を何度も見せた。

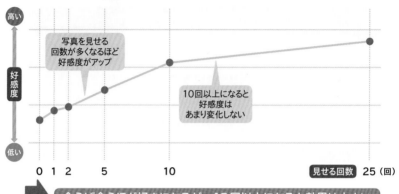

写真を見せる回数が多くなるほど好感度がアップ

10回以上になると好感度はあまり変化しない

好感度 高い／低い

見せる回数 0 1 2 5 10 25 (回)

会えば会うほど好きになるが、10回以上になると効果は小さい

## ▶ 単純接触効果の逆効果 〔図2〕

単純接触効果はマーケティングなどに幅広く活用されているが、逆効果になる場合もある。

過剰な接触回数

単純接触効果には適度な回数があるので、度を超えた営業など、その水準を超えると好感度が下がる。

悪印象の強化

悪印象を抱いた店員に接客されると、悪印象がさらに強化される。

# 32 「980円」「1,980円」がお得に感じるのはなぜ？

**なるほど！** 大台に乗る前ギリギリの「**大台割れの価格**」は、心理的抵抗が小さくなり、お得に感じる！

　店頭などで、「980円」という中途半端な価格をよく見かけますよね。「1,000円」と比較してみると、実際には20円しか変わりませんが、980円の方がお得だと感じませんか？　これは、**1,000円という大台を意識させないことで、消費者の心理的抵抗を小さくしている**のです。こうした価格は、「**大台割れの価格**」と呼ばれ、**価格に端数をつけて安く感じさせることを、「端数効果」**といいます。「1,980円」なども端数効果がありますが、桁数が変わる「98円」や「980円」の効果が最も大きいとされます〔**図1**〕。

　お得感を伝えるには、イメージしやすい表現を使うことも効果的です。例えば、「2,000mgのビタミンC」より、「レモン100個分のビタミンC」の方が、ビタミンCが多く含まれているように感じませんか？　このように、**身近なモノに例えることで、心理的錯覚を起こす効果のことを、「シャンパルティエ効果」**といいます。「東京ドーム20個分の広さ」といった表現も、この効果です。

　シャンパルティエ効果を応用して、**2段階の割引で実際の割引以上のお得感を演出**できます。例えば、「本日は40％オフ、さらにレジにて25％オフ」というセールは、実際は55％オフなのですが、それ以上に割引しているように感じさせられるのです〔**図2**〕。

# 数字による「マジック」

## ▶ 端数効果の活用法 〔図1〕

手数料10%のフリマサイトで商品を出品する場合、1,000円で売っても、999円で売っても、売り上げは変わらない。

### 出品額1,000円の場合

| 出品額 | 手数料 | 売り上げ |
|---|---|---|
| **1,000円** − | **100円** = | **900円** |

### 出品額999円の場合

| 出品額 | 手数料 | 売り上げ |
|---|---|---|
| **999円** − | **99円** = | **900円** |

端数効果を利用する場合、日本では端数の末尾が「8」のことが多いが、海外では「9」がよく使われる。

※日本で「8」が好まれる理由は、末広がりで縁起がよいためといわれるが、明確にはわかっていない。

## ▶ シャンパルティエ効果の応用 〔図2〕

セールなどで2回に分けて割引をすることで、実際の割引率以上のお得感を演出できる。

半額セール

レジでさらに20%オフ！

### 1万円の商品の場合

| 半額セール（50%オフ）➡5,000円 | さらにレジで20%オフ➡4,000円 |
|---|---|

実際には60%の割引なのに、70%割引だと錯覚させられる

会計の際に、人によっては「だまされた」と感じることがあるので、注意が必要。

# 営業成績をアップさせる
# セールストーク術がある?

営業などで客の購買意欲をかきたてるような会話のテクニックを、行動経済学の観点から紹介しましょう。

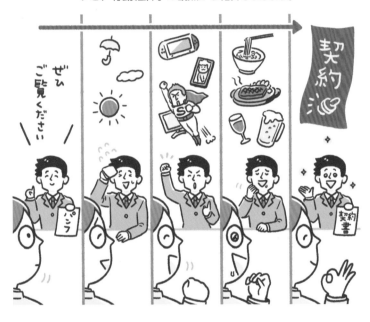

営業で新規の顧客を開拓するとき、「自分にもっとトーク力があれば…」と思っていませんか? しかし、営業マンに必要なのは、流暢に話す能力ではありません。**ヒトがコミュニケーションの中で相手に好意を感じるのは、見た目や表情、しぐさ**などです。次に重視されるのは、声のトーンや話し方。実は、話の内容はあまり重視されません。これを **「メラビアンの法則」** といいます〔**図1**〕。

新規の客に好意をもってもらうには、**「単純接触効果」**（➡ P94）を利用して、何度も訪問するのが効果的。このとき、最初の訪問時は、パンフレットを置くだけなど、軽めに引き上げるのがポイントです。こまめに訪問をくり返し、**自分に対する好感度がアップした5回目あたりに仕事の話をすると、契約に結びつきやすい**そうです。

しかし、5回目の訪問まで、仕事以外にどんな話をすればいいのでしょうか？　心理学者チャルディーニは、ヒトが他人に好意をもつ重要な要素のひとつは、**「自分と似ていること」**だと説いています。ヒトは、名前や趣味、出身地、出身校など、どんなことでも**類似性がある相手に好意をもちやすい**のです。

類似性を探すときの会話のテクニックに、**「木戸に立ちかけし衣食住」**〔図2〕があります。これは、会話の糸口になるキーワードの頭文字を並べたもので、初めて会う人との会話のヒントになります。会話に困ったら、これを思い出して類似性を探してみましょう。

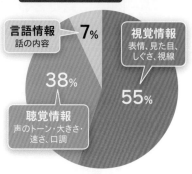

**メラビアンの法則** 〔図1〕

言語情報 話の内容　7%

視覚情報 表情、見た目、しぐさ、視線　55%

聴覚情報 声のトーン・大きさ・速さ、口調　38%

**木戸に立ちかけし衣食住** 〔図2〕

き 気候（天気）
ど 道楽（趣味）
に ニュース
た 旅（旅行）
ち 知人（友人）
か 家庭（家族）
け 健康（病気）
し 仕事
衣 ファッション
食 食事（グルメ）
住 住居（暮らし）

# 33 矛盾はストレスになる？「ストループ効果」

**なるほど！** 同時に見た2つの情報が干渉し合うと、理解に時間がかかってストレスを感じてしまう！

印象に残る広告と、残らない広告は、何がちがうのでしょうか？

印象に残らない広告は、**メッセージ内容と、ビジュアルが合っていない**かもしれません。ヒトは、目で見たものの意味をじっくり考えるわけではありません。このため、**同時に見た2つの情報が干渉し合うと、理解するのに時間がかかってしまう**のです。これを、「**ストループ効果**」といいます。わかりやすい例でいえば、「赤」という字が、青色で書かれていると、「文字の意味」と「文字の色」が矛盾するので、認識するのに時間がかかるのです。

ストループ効果に配慮したデザインは、街中で見られます。道路標識は、**青色だと案内標識**、**赤色だと禁止・規制**を示すものがほとんどです。トイレのマークは、男性アイコンは青色、女性アイコンは赤色で示すのが一般的です。これらは、多くの人が、「青は安全、赤は危険」「男性は青、女性は赤」という**ステレオタイプ**（固定観念）をもっているためです。もし、青色の禁止標識や、赤色の男性アイコンがあれば、多くの人が混乱するでしょう〔**図1**〕。

ビジネスにおいては、広告やウェブサイトのビジュアルと、実際の商品に矛盾があると、ストループ効果で消費者はとまどいます。このため、**矛盾ポイントを極力減らすことが重要**です〔**図2**〕。

# 視覚情報には整合性が重要

## ▶ ストループ効果の例〔図1〕

街中にあるマークやサインには、ストループ効果が生じないよう、ステレオタイプに合うように設計されている。

| トイレのマーク |
| --- |

「男性は青色、女性は赤色」というステレオタイプと逆の色だと違和感を抱く。

| 道路標識 |
| --- |

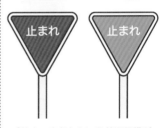

「禁止＝赤色」という共通認識があるため、「止まれ」の標識が青色だと混乱する。

## ▶ ストループ効果が起きる広告例〔図2〕

広告の商品や文章とビジュアルが合っていないと消費者は混乱してしまう。

スポーツドリンクの広告で、火山の噴火だと、宣伝内容とビジュアルが合わない。

スーパーの「特売日」「大安売り」などの宣伝文句が青色だと混乱する。

# 34 みんなが支持していると なぜ同調したくなる?

 **大勢が選んだモノは、いいモノだと思われ、 それをほしくなる人がさらに増えていく!**

「ベストセラー」や「人気ナンバー1」といった売り文句を見ると、 興味をひかれますよね。このように、**ある選択肢を多くの人が支持 することで、関心のなかった人も「よい」と考え、周囲と同じ行動 をとることを「バンドワゴン効果」**といいます。

バンドワゴン効果によって、売れているモノは、大勢から「いい モノにちがいない」と思われ、さらに需要が増します。特定のモノ などがない場合でも、**多数派の動きに同調してしまう「ハーディン グ現象」**（⇒P92）と似た心理といえます。

しかし、ヒトがほしがるのは流行のモノばかりではありません。「初 回限定版」や「特別モデル」など、希少性や限定性のあるモノにも 魅力を感じます。このように、**レアなモノをほしがる心理を、「ス ノッブ効果」**といいます。このほか、**「周囲に見せびらかして自慢 したい」という欲求を刺激するモノは、価格が高くなるほど需要が 高まります。**これが、**「ヴェブレン効果（威光価格）」**です。例えば、 高級腕時計や高級ブランドバッグは、価格が高いことが魅力のひと つになっているのです。

これら3つの効果〔**右図**〕は、「大ヒット商品の特別限定版」や「高 級品の期間限定版」など、組み合わせても効果を発揮します。

# 流行していると、ほしくなる

## ▶ バンドワゴン・スノッブ・ヴェブレン効果

アメリカの経済学者ライベンシュタインは、バンドワゴン効果を含めた3つの心理効果を提唱した。

### バンドワゴン効果

バンドワゴンとは、パレードの先頭を行く楽隊車のこと。ヒット商品を買いたくなる心理。

書店では、売れている本を平積みにして、「ベストセラー」「話題の本！」などと宣伝する。

### スノッブ効果

スノッブとは、「俗物的」「上流気取り」といった意味。他人とはちがうモノをほしがる心理で、特別感を求める。

オリジナルなモノでなくても、「オーダーメイドのスーツ」など、限定性を付加することで、特別感を演出できる。

### ヴェブレン効果

もし、品質が同じの無名ブランド品があったとしても、高価格の高級ブランド品を選んでしまう心理。

高級外車を購入するのは、周囲に見せびらかすことでステータスを得たいという心理もある。

# Q 競馬で本命馬券を買うなら、どのレースを選ぶべき？

序盤のレース〈 or 〉中盤のレース〈 or 〉終盤のレース

ある競馬場で、1日に12レースがおこなわれます。オッズ（的中倍率）は低いけれど、勝つ確率の高い「本命馬券」を買うとしたら、序盤（1〜4レース）・中盤（5〜8レース）・終盤（9〜12レース）のうち、どれを買うのが最適な選択でしょう？

　競馬で、最も勝つ確率が高いと思われている馬は、**「本命馬」**といわれます。本命馬のオッズは、基本的には2〜3倍程度と低いものです。一方、勝つ確率が低いと思われている**「穴馬」**のオッズは高く、数十倍、数百倍になることもあります。

　**「決定の重み付け」**（➡P30）によって、ヒトは客観的に低い確率

を過大評価する傾向があります。そのため、穴馬であっても、「このレースは勝つのでは」と期待し、穴馬券を購入したくなるのです。この心理を、**「穴馬バイアス」**といいます。**穴馬バイアスが強まり、穴馬券が過剰に購入される**と、本命馬の人気が、本来あるべき人気よりも低くなることがあります。**このとき本命馬券を買うのが、最適の選択**といえます。

では、どんなときに穴馬バイアスが強まるのでしょうか。序盤から馬券を買っている人の多くは、負けて損をしています。損失を抱えると、それを取り戻そうとして**「リスク愛好的」**（➡P27）に行動するため、穴馬券を購入してしまうのです。

一方、**「心理会計」**（➡P42）の影響で、競馬などのギャンブルでもうけたお金は、大胆にパーっと使いたくなります。これを**「ハウスマネー効果」**といいます。そのため、序盤・中盤のレースに勝ってもうけた人は、「もうけた分は損をしてもいい」と考え、穴馬券を買ってしまうのです。つまり、穴馬券の人気が高まり、本命馬券のお得感が増していく「終盤のレース」が正解です〔**下図**〕。

### 競馬場の終盤のレース

序盤・中盤で
損失を出した人

リスク愛好的になるため、一発逆転をねらい、穴馬券を買ってしまう。

序盤・中盤で
利益を出した人

ハウスマネー効果によって、穴馬券を大胆に買ってしまう。

# 35 仲間がいるとがんばる？「ピア効果」とは

**なるほど！** 優秀な同僚の影響を受け、切磋琢磨することで自分や全体のパフォーマンスが上がる！

もし、職場に新しく入ってきた同僚が高いパフォーマンスを見せたら、「自分もがんばろう！」と思う人は多いのではないでしょうか。そして、努力するあなたを見た同僚たちは、「自分たちも負けていられない」と働くようになるでしょう。このように、**同僚や仲間などが、お互いの行動や生産性に影響を与え合い、切磋琢磨し合うことを、「ピア効果（同僚効果）」**といいます。

ピア効果は、**教育現場**で注目されてきました。難関校を目指す進学校では、成績優秀で学習意欲の高い生徒が集まっているため、お互いに刺激し合うことで、全体がレベルアップします。

学校や職場だけでなく、スポーツチームでもピア効果が見られます。調査によると、優秀な選手がチームに移籍してくると、もとからいた選手たちの成績がアップするそうです。ピア効果が発生するのは、周囲とのレベルの差が小さいことや、**「見られている」**というプレッシャーが重要なことが明らかになっています〔**図1**〕。

組織や個人の成長をもたらすピア効果は、**「正のピア効果」**と呼ばれます。しかし、周囲のレベルが高すぎたり、競争期間が長くなりすぎたりすると、嫌気がさして生産性が下がることがあります。これを、**「負のピア効果」**といいます〔**図2**〕。

# 切磋琢磨し合える関係性

## ▶ スーパーのレジ打ち〔図1〕

ピア効果を測定するため、スーパーのレジ打ち
従業員に対する調査がおこなわれた。

優秀な
同僚

調査結果

同僚の生産性が
**10%**アップすると、
ほかの従業員の生産性が
**1.5%**アップ！

この調査で、ピア効果は、優秀な同僚から見られる位置だと
発生するが、見られない位置だと発生しないこともわかった

## ▶「正のピア効果」と「負のピア効果」〔図2〕

学校などで周囲の生徒が自分と似たレベルであれば正のピア効果が発生す
るが、周囲のレベルが高すぎると、負のピア効果が発生することがある。

正のピア効果

みんなに負けたくない！

自分と周囲とのレベルの差が小さいと、
いい刺激を受けやすい。

負のピア効果

がんばっても無理…

周囲のレベルが高すぎると、「自分はダメ」
という認識をもちやすい。

# 36 不完全な情報が 私たちの心をくすぐる?

**なるほど!** ヒトは**未完了の情報**に興味をもってしまうため、あえて**中途半端・未完成**にするのが効果的!

テレビなどで、「続きはCMのあとで!」「60秒後に衝撃の結末!」などとアピールされ、続きが気になったことはありませんか? ヒトには、**完全なことより、不完全なことの方が記憶に残りやすい**という心理があります。これを、**「ツァイガルニック効果」**といいます。ヒトは、**未完了の情報に興味をもってしまう**のです。

ツァイガルニック効果が起こるのは、**「心理的リアクタンス」**の影響と考えられます〔**図1**〕。心理的リアクタンスとは、**制限された自由を取り戻したくなる**こと。例えば、遊びたいときに「勉強しなさい」と言われると、よけいに遊びに行きたくなるような心理です。つまり、「見たい」「知りたい」という欲求を制限されると、よけいに見たくなったり、知りたくなったりするのです。

ツァイガルニック効果は、ビジネスの現場でさまざまに活用されています〔**図2**〕。「詳しい情報は、ウェブで検索!」などと、消費者の好奇心をひくのは、古典的な手法として知られています。また、営業やプレゼンなどでは、**あえて中途半端・未完成を演出する**ことで、相手の興味を高めることができるのです。このほか、仕事や勉強なども、キリの悪いところで中断した方が、「早く終わらせたい」という心理がはたらき、モチベーションの維持につながるのです。

# 未完成なものに興味がわく

## ▶ 心理的リアクタンス
〔図1〕

ヒトには、「自分のことは自分で決めたい」という欲求があるため、これが制限される指示や命令に対しては、自分にプラスになることでも、逆らいたくなってしまう。

あなたにピッタリ！

ほしいと思っていた商品でも、店員から無理にススメられたり、買うことを決めつけられるような言い方をされたりすると、買うのをやめたくなる。

## ▶ ツァイガルニック効果の活用法 〔図2〕

ツァイガルニック効果は、心理学者ツァイガルニックが実験で確かめた心理作用で、ビジネスに幅広く活用されている。

映画の予告編

決定的な場面は見せずに、印象的な場面だけをつなぎ合わせて、「本編が見たい」と思わせるように編集されている。

観光地のイベント

来年、また来よう…

リピーターの誘致を目的に「観光が未完了だった」と思わせるため、あえてイベント日程を分散させる取り組みもある。

もっと知りたい！ 行動経済学のしくみ **2章**

# Q ジャムを売るとき、何種類売ると一番売れる？

| 6種類 | or | 24種類 |

スーパーの店頭でジャムを販売するとき、並べるジャムの種類を、「6種類」「24種類」の2つから選べるとしたら、一番多く買ってもらえるのは、何種類のジャムの場合でしょう？

これは、社会学者シーナ・アイエンガーがおこなった**「ジャム実験」**です。スーパーの店頭にジャムの試食コーナーを設けて、スーパーの来店者に試食してもらうもので、**1時間ごとに陳列するジャムの種類を「6種類」と「24種類」に入れ替えました。**

その結果、6種類の場合、スーパーを訪れた客の**40%**が試食し、

24種類の場合、スーパーを訪れた客の**60%**が試食しました。試食する確率は、ジャムの種類が多い方が高かったのです。しかし、実際にジャムを購入したのは、6種類の場合、試食した客の**30%**であったのに対し、24種類の場合は、わずか**3%**でした。つまり、ジャムの購入率は、6種類の場合の方が高かったのです〔**下図**〕。

**ジャム実験**

6種類を販売

| 試食率 | 40% |
| 試食者の購入率 | 30% |
| 客全体の購入率 | 12%（40%×30%） |

24種類を販売

| 試食率 | 60% |
| 試食者の購入率 | 3% |
| 客全体の購入率 | 1.8%（60%×3%） |

アイエンガーは、「6種類」と「30種類」の高級チョコレートでも同様の実験をおこなっています。その結果は、ジャムの場合と同じく、6種類の方を選ぶ人が多かったのです。

これらの実験は、**ヒトは選択肢が多すぎると、判断に迷い、選択できなくなる**ことを示しています。これを、**「決定回避の法則（決定麻痺）」**といいます。決定回避が起こるのは、数多い選択肢の中から最高の選択をしようとすると、「選択をまちがえたら…」と想像し、その後悔を避けたくなるためだといわれます。**現在では、ヒトにとって最適な選択肢の数は3〜5**という説が有力です。

# 37 報酬を与えられたのにモチベーションが低下?

**なるほど!** やりたくてやっていることに**報酬**を与えると、モチベーションが下がってしまうことがある!

「**モチベーション（動機づけ）**」を長続きさせるには、報酬などによる外発的動機づけではなく、好奇心などによる**内発的動機づけ**が効果的です（➡ P78）。しかし、**内発的動機づけによる行為に報酬を与えると、逆にモチベーションが低下してしまう**ことがあります。これを、「**アンダーマイニング効果**」といいます〔**図1**〕。

例えば、好きでイラストを描いていた人がイラストを仕事にしたときに、報酬が安いとイラストを描く気が失せることがあります。アンダーマイニング効果は報酬以外に、罰則や評価、監視、締め切りの設定などによっても起こります。行為の目的が「やりがい」から「報酬・評価」に変わると、**それまで自発的だと感じていた行為でも「やらされている」と感じてしまう**のです。単純な成果主義は、アンダーマイニング効果を引き起こす可能性があるといえます。

では、モチベーションが下がった人の内発的動機づけを高めるにはどうすればいいのでしょう？　それには、**相手に賞賛の言葉をかけるのが効果的**です。これを、「**エンハウシング効果**」といいます〔**図2**〕。ほめるポイントは、「能力や結果」ではなく**「行動や努力」**。「自分の意思による行為」をほめられた人は、内発的な意欲が高まり、チャレンジ精神や忍耐力が芽生えるのです。

# やらされると「やる気」は下がる

## ▶ アンダーマイニング効果の実験〔図1〕

心理学者のデシとレッパーは、学生たちをAとBの2グループに分け、パズルを3回に分けて解いてもらった。

| | **A** グループ | **B** グループ |
|---|---|---|
| **1**回目 | 普通に解いてもらう | 普通に解いてもらう |
| **2**回目 | パズルが解けるたびに報酬を与えると告げ、解けたら報酬を与える | 普通に解いてもらう（何も告げず、報酬も与えない） |
| **3**回目 | 普通に解いてもらう | 普通に解いてもらう |
| | ⬇ | ⬇ |
| | モチベーションが低下 | モチベーションに変化なし |

➤ 2回目に報酬をもらったAグループは、
3回目に報酬がなかったのでモチベーションが下がった！

## ▶ エンハウシング効果〔図2〕

行動や努力、工夫などをほめられると、自己肯定感や有能感が高まるので、努力や挑戦を続ける意欲が高まる。しかし、結果をほめられると、失敗を恐れて挑戦を避けるようになる。

この企画書、通らなかったけどよくここまで仕上げたね

自分が尊敬している人から努力をほめられると、効果が高くなる。

# 38 過去の記憶が正しいとは限らない?

過去の記憶と実際の経験とはちがうので、満足感が変わることがある!

　昔、食べておいしかったレストラン。近くまで来たついでに食べに行こうかなと思ったりしますよね?　ヒトは何かを選択するとき、過去の記憶を判断材料にします。伝統的な経済学では、ヒトは、過去の経験で得た**効用（満足感）**と、将来、同じ経験で得られるはずの効用は、常に等しいと考えてきました。

　しかしヒトは、経験したことをすべて正確には記憶していません。行動経済学者カーネマンは「**冷水実験**」によって、**不快な時間が長くても、最後の印象がよければ、不快な記憶は軽減される**ことを確かめました〔**図1**〕。これは、「**持続時間の無視**」と呼ばれ、ピークやラストの印象が強く残る「**ピークエンド効果**」（➡P54）と関連する心理です。つまり、**過去の記憶は「印象に残っている記憶」であり、実際の経験とはちがっているかもしれない**のです。

　カーネマンは、**実際の経験から得られる効用を「経験効用」、できごとを記憶によって評価するときに使われる効用を「記憶効用」**と呼び、2つの効用は一致しないことがあると指摘しました〔**図2**〕。「昔、食べておいしかったレストラン」が、今もおいしい料理を出しているとは限りません。過去の記憶を絶対視して、現在のことについて意思決定するのは危険なことなのです。

# 経験と記憶は一致しない

## ▶ 冷水実験 〔図1〕

カーネマンは、記憶と時間の関係を調べるため、被験者たちに手を冷水に入れてもらう実験をおこなった。

**A** 14度の冷水に1分間、片手を入れる。

**B** 14度の冷水に1分間、もう片方の手を入れた後、30秒をかけて少しずつ15度まで上げる。

➡ もう一度やるなら、**A**と**B**のどちらを選ぶかたずねたところ、不快な時間は**B**の方が長いのに、被験者の80%が**B**と答えた。つまり、

**最後の印象がよければ、不快な記憶は軽減される！**

## ▶「経験効用」と「記憶効用」〔図2〕

**経験効用**
実際の経験で得られる満足感
温泉旅行中は、「料理はまあまあ」「温泉はまずまず」などと評価。

まあまあの味だな

一致しない場合がある！

**記憶効用**
記憶で評価するときの満足感
旅行後に、「温泉旅行はやっぱり最高」などと評価。

やっぱり最高！

# 39 あえて選ばれない 選択肢をつくるといい？

**なるほど！** 見劣りする商品をあえて入れることで、売りたい商品を客に選ばせることができる！

　売りたい商品を客に選んでもらうために、**明らかに選ばれない商品を紛れこませて**、客の意思決定をコントロールすることができます。この心理効果を、**「おとり効果」**といいます。

　おとり効果については、行動経済学者ダン・アリエリーの実験が知られています。アリエリーは学生に、雑誌『エコノミスト』の購読プランのうち、どれを選ぶかアンケートをおこないました。最初の選択肢は３つで、「ウェブ版のみ／59ドル」「印刷版のみ／125ドル」「印刷版とウェブ版のセット／125ドル」というもの。結果は、**セット版が最も人気で、印刷版のみを選んだ人はゼロ**でした。

　しかし次に、「ウェブ版のみ／59ドル」「印刷版とウェブ版のセット／125ドル」と、選択肢を２つにすると、ウェブ版の方が人気になったのです。**「印刷版のみ／125ドル」という選択肢は、セット版を引き立てるための「おとり」になった**のです〔**右図**〕。

　おとり効果は、**「相対性」**の影響です。相対性とは、絶対的な基準ではなく、**ほかと比較することで判断する**という性質。例えば、「性能が30％アップ（当社比）」といった宣伝文句を見ても、その商品に十分な性能が備わっているのか、わかりません。しかし、**比べることによって、商品の価値を実感できる**のです。

# 価値は相対的に判断される

## ▶ おとり効果の実験

**実験 1** アリエリーは学生100人に、雑誌『エコノミスト』の3つの購読プランを提示し、最も魅力的なプランを選ばせた。

| ウェブ版のみ<br>59ドル | 印刷版のみ<br>125ドル | 印刷版とウェブ版のセット<br>125ドル |
|---|---|---|

おとりの選択肢

 **16人**　 **0人**　 **84人**

▶ 「印刷版とウェブ版のセット」を選ぶ人が最も多かった！

---

**実験 2** 実験1 の後、おとりの選択肢で、誰も選ばなかった「印刷版のみ」を外し、2つの選択肢から選ばせた。

| ウェブ版のみ<br>59ドル | 印刷版とウェブ版のセット<br>125ドル |
|---|---|

**結果**

「印刷版のみ」という選択肢は、セット版を魅力的に見せるための「おとり」となったことが証明された！

 **68人**　 **32人**

▶ 「ウェブ版のみ」を選ぶ人が大きく増加した！

# Q 時給の上がり方がどうなると生産性が上がる？

| 一気に<br>アップ | or | 徐々に<br>アップ | or | アップとダウン<br>をくり返す |
| --- | --- | --- | --- | --- |

パートやアルバイトの時給を上げるとしたら、どのような上げ方だとモチベーションをアップさせ、職場全体の生産性を高めることができるでしょうか？

　職場のモチベーションを維持するには、賞賛の言葉をかけて**「内発的動機づけ」**（➡ P78）を高めることが重要ですが、**金銭的インセンティブ**（給与や手当などの報酬）は欠かせません。もし、どんなにがんばっても時給が上がらないとわかったら、パートやアルバイトのモチベーションは下がるでしょう。では、モチベーションを

上げるためには、どんな時給の上げ方が効果的でしょうか？

例えば、1,000円の時給が、1,300円に一気にアップした人には、「時給をアップしてくれた」という善意に報いようとする**「互恵性」**が作用し、モチベーションが上がります。このとき、**「リファレンス・ポイント」**（→P26）は1,000円から1,300円に移動します〔**右図**〕。しかしすぐ、この水準に慣れて、時給アップの効果はなくなるのです。そして、もし時給が少しでも下がれば、**「損失回避傾向」**により大きなショックと悲しみを受けてしまいます。

また、実験によって、時給を一度に一気に上げたり、2段階で上げたりするよりも、徐々に上げた方が、全体の作業量が増えることがわかっています。つまり正解は、「徐々にアップ」です。

## 時給とリファレンス・ポイントの関係

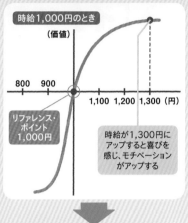

時給1,000円のとき

（価値）

800  900

1,100  1,200  1,300（円）

リファレンス・ポイント 1,000円

時給が1,300円にアップすると喜びを感じ、モチベーションがアップする

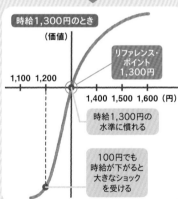

時給1,300円のとき

（価値）

1,100  1,200

1,400  1,500  1,600（円）

リファレンス・ポイント 1,300円

時給1,300円の水準に慣れる

100円でも時給が下がると大きなショックを受ける

賃金に関する調査でも、6年間の賃金総額が同じ場合、「毎年均等」「毎年減少」「毎年増加」の3パターンのどれを好むかアンケートしたところ、**多くの人は「毎年増加」を選びました。**ヒトは、現在の賃金水準をリファレンス・ポイントにしてしまうのです。

# 40 手間が愛着を生む?「イケア効果」

**なるほど!** ヒトは**自分が手間をかけてつくったモノ**には、**高い価値**があると考えがち!

　通販などで購入した家具の中には、自分で組み立てるタイプのものがありますよね?　自分で組み立てた家具には、手間がかかった分、愛着がわくものです。このように、**ヒトは部分的にでも、自分でつくったモノを高く評価する傾向があります**。行動経済学者のアリエリーらは、これを、**「イケア効果」**と呼びました〔**図1**〕。

　イケアとはスウェーデン発祥の世界的な組み立て家具販売会社です。イケア効果は、自分が保有しているモノには価値を感じるという**「保有効果」**(➡P44)と関係する心理で、直感や先入観で不合理な判断をしてしまう**「認知バイアス」**(➡P46)のひとつです。

　イケア効果は、インスタント食品でも実証されました。アメリカの食品会社が、「水を混ぜるだけ」というホットケーキミックスに、「新鮮な卵を混ぜる」という、**ひと手間が必要な商品にして売り上げをアップさせた**のです。自分が手がけたプラモデルや家庭菜園などに強い愛着を抱くのもイケア効果といえます〔**図2**〕。

　イケア効果のポイントは、**「最後に手を加える」**こと。ほぼ完成されていても、最後の仕上げを手がけることで、「自分が完成させた」と思えるのです。逆に、自分がほぼ完成させても、最後の仕上げを他人がやってしまうと、愛着をもてなくなってしまうのです。

# 自分でつくると価値を感じる

## ▶ イケア効果の実験 〔図1〕

アリエリーらは、被験者たちに折り紙でツルやカエルをつくってもらい、自分の作品と、他人の作品と、折り紙の専門家がつくった作品に対して、値段をつけさせた。

| | | |
|---|---|---|
| 自分の作品の平均価格 | **25**セント | 5倍 |
| 他人の作品の平均価格 | **5**セント | |
| 専門家の作品の平均価格 | **27**セント | |

> 自分の作品は、専門家の作品と同等の価値があると感じている！

## ▶ イケア効果の例 〔図2〕

イケア効果は、さまざまな商品に取り入れられている。

| プラモデル | 育成ゲーム |
|---|---|
|  |  |
| 切り取ったパーツを組み立てることで、完成品のフィギュアより愛着がわきやすい。 | 時間をかけて育成したキャラクターには高い価値を感じるため、ゲームにはまりやすい。 |

# 41 相手の目立つ特徴で 評価してしまう理由は?

 外見や肩書きなどの際立った特徴によって、その人の全体的なイメージが決まってしまう!

　もし、あなたが面接官だったとして、面接にきた人が整った身なりをしていて、「ハーバード大学卒です」「TOEICは900点です」と自己紹介をしたら、「優秀な人材だ」「努力家だろう」などと、高く評価してしまいますよね。しかし、見た目がよく、有名大学を卒業し、英語が話せるからといって、能力が高いとは限りません。

　**ヒトは何かを評価するとき、際立った特徴に基づいて判断をする**傾向があります。これを、**「ハロー効果」**といいます。「ハロー」とは、聖人像の背後に描かれる後光・光輪のこと。面接の例でいえば、**外見や肩書きで能力を過大評価してしまう**のです。ハロー効果は、**「認知バイアス」**（➡P46）のひとつで、第一印象が、その後の印象を左右する「初頭効果」（➡P54）と関連する心理効果です。

　ハロー効果には、好意的な目立つ特徴によって、全体の評価が高くなる**「ポジティブ・ハロー効果」**と、目立つ特徴に悪印象をもつことで、全体の評価が低くなる**「ネガティブ・ハロー効果」**があります。CMに好感度の高いタレントを起用するのは、ポジティブ・ハロー効果を利用して、商品の好感度をアップさせるためですが、もし、そのタレントが不祥事を起こせば、ネガティブ・ハロー効果が作用して、商品の好感度も下がってしまうのです〔**図2**〕。

# ヒトは外見や肩書きで判断する

## ▶ ハロー効果の実験 〔図1〕

フランスで、スーツ姿の男性と、ホームレス風の男性が、同じ場所で倒れたとき、周囲がどう反応するかを調べる実験がおこなわれた。

### スーツ姿の男性

すぐに人が
かけよった

「ちゃんと仕事している人だから、早く助けるべき」と判断された。

実は同一人物

### ホームレス風の男性

5分以上
放置された

「身なりがきちんとしていないから、近寄らない方がいい」と判断された。

## ▶ ハロー効果とCM 〔図2〕

CMにタレントを起用するのは、ポジティブ・ハロー効果をねらっているため。タレントが不祥事を起こせばネガティブ・ハロー効果が作用する。

### ポジティブ・ハロー効果

CMに好感度の高いタレントが出演すると、商品の好感度もアップする。

### ネガティブ・ハロー効果

新発売！

タレントが不祥事を起こすと、商品の好感度も下がってしまう。

# 42 時間が経つと考えが変わるのはなぜ?

時間や空間が遠くなれば心理的距離は遠くなり、逆に、近くなれば、心理的距離は近くなる!

もし、あなたが旅行に行くとしたら、どんなことを考えますか?「美しい風景」や「おいしい食事」などを考えるなら、旅行は遠い先のことでしょう。しかし、「出発時間」や「持ち物」などを考えるなら、旅行は間近に迫っているはずです。**同じ「旅行」でも、時間がちがうと、考えることがちがってくるのです。**

ヒトの判断に影響を与える要素のひとつに、**「心理的距離」**と呼ばれる、主観的な距離感があります。**心理的距離が遠くなる**のは、時間的・空間的な距離が遠かったり、自分に関係がないとき。このとき重視するのは、**抽象的・本質的**な点になります。

逆に、**心理的距離が近くなる**のは、時間的・空間的な距離が近かったり、自分に関係があるとき。このとき重視するのは、**具体的・副次的**な点になります。

このように、「時間や空間などの変化によって判断や評価が変わる」という考え方を、**「解釈レベル理論」**といいます〔**図1**〕。解釈レベル理論では、心理的距離が遠いときの解釈は**「高レベル解釈」**と呼ばれ、**「目的」「望ましさ」**が重視されます。一方、心理的距離が近いときの解釈は**「低レベル解釈」**と呼ばれ、**「手段」「実用性」**が重視されるのが特徴です〔**図2**〕。

# 判断から一貫性が失われる

## ▶解釈レベル理論の実験〔図1〕

解釈レベル理論を提唱した心理学者のトロープとリバーマンは、被験者たちに、キッチンで音楽を聞くための「時計付きラジオ」を購入するとしたら、AとBのどちらを選ぶかをたずねた。

**A** 音質は高いが、時計は見にくいラジオ

12:45

↓

遠い将来の
購入を想定した人が多く選んだ。

音質という
本質的な機能を重視した！

**B** 音質は悪いが、時計は見やすいラジオ

12:45

↓

近い将来の
購入を想定した人が多く選んだ。

時計という
副次的な機能を重視した！

## ▶高レベル解釈と低レベル解釈〔図2〕

高レベル解釈と低レベル解釈の特徴は、以下の表のようにまとめられる。

| 高レベル解釈 | | 低レベル解釈 |
|:---:|:---:|:---:|
| 遠い | 心理的距離 | 近い |
| 本質的・抽象的 | 性質 | 具体的・副次的 |
| 望ましさ | 重視する点 | 実用性 |
| 目的は何か？ | 考え方 | どんな手段か？ |
| 長期的 | 観点 | 短期的 |

もっと知りたい！ 行動経済学のしくみ **2章**

# Q 8人チームで綱引きをすると平均してどれくらい手を抜く？

約10% ＜or＞ 約30% ＜or＞ 約50% ＜or＞ 約80%

1対1で綱引きをするとき、ヒトは100％の力を出しますが、大人数で綱引きをすると、多少なりとも手を抜いてしまう人が出てきます。もし、8人で綱引きをするとしたら、ひとりあたり平均何％くらい、手を抜くと思いますか？

　20世紀初めに、農学者リンゲルマンは集団作業におけるひとりあたりのパフォーマンスを**「綱引き」**によって調査しました。その結果、ひとりで綱引きをする力を100％とするなら、平均して、2人の場合は93％、3人の場合は85％、4人の場合は77％、5人の場合は70％となり、8人の場合は49％にまで下がったのです。

つまり、正解は「約50％」です。このように、**作業に携わる人数が増えていくほど、ひとりあたりの手抜き度が高くなることを、「社会的手抜き（リンゲルマン効果）」といいます〔下図〕。**

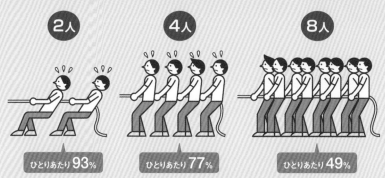

「社会的手抜き」の実験　ひとりで綱引きをする力を100％とし、参加人数が増えた場合のひとりあたりの力を数値化した。

2人　　　　　4人　　　　　8人

ひとりあたり**93**％　　ひとりあたり**77**％　　ひとりあたり**49**％

　社会的手抜きは、企業にとって重要な問題となっています。**ほかのメンバーの貢献にタダ乗りする人を、「フリーライダー」といい、**フリーライダーの存在は、まじめに仕事をしているメンバーの負担を増加させ、全体のモチベーションを下げてしまいます。

　しかし、フリーライダーを強制的に排除するだけでは問題は解決しません。社会的手抜きは、多かれ少なかれ、誰にも「思い当たる節」があるものでしょう。ある調査では、アメリカの従業員のうち、8割以上が業務中にネットサーフィンをしたり、職場から私的なメールを送信したりしていたそうです。社会的手抜きを防ぐには、仕事を明確化して**「当事者意識」**をもたせたり、コミュニケーションを充実させたりするなど、**フリーライダーが発生しにくいしくみをつくること**が効果的なのです。

# 43 今の状態が将来も続くと思いこみがち?

**なるほど!** 今の考えや感情が未来も同じままだと考え、正しく未来を予測できなくなってしまう!

　空腹時にスーパーに行ったとき、予定より多く買ってしまったことはありませんか?　これは、**現在の自分の状態が、この先もずっと変わらず続くと錯覚している**のです。このように、現在の状況を過度に未来に投影して、正しい予測ができなくなることを、**「投影バイアス（プロジェクション・バイアス）」**といいます〔**図1**〕。

　現在の状態に大きな価値を見出し、変化を避けようとする「現状維持バイアス」（➡P76）と似た心理といえます。また、将来の自分の感情を実際より過大評価してしまう**「インパクト・バイアス」**にも関連しています〔**図2**〕。

　投影バイアスは、誰もがおちいりやすいバイアスです。例えば、健康診断で肥満と判定されたとしても「今、健康に問題はないから大丈夫だろう」と感じて生活習慣を変えないなど、**後悔につながるような選択**をすることもあります。ビジネスにおいても、「利益が出ているから大丈夫」「今後も株価は上がる」などと考えてしまうと、大きな損失につながりかねません。

　対策としては、日頃から、**現在の感情と未来の感情は別物である**ことを意識し、意思決定するときの状況と、それで起きる未来の状況を可能な限り近づけておくとよいでしょう。

# 今の感情で未来を予測する

## ▶ 投影バイアスの例〔図1〕

ヒトは、現在の感情に基づいて未来の自分の姿を予測する傾向があり、そのため正しい予測ができないことがある。

| 空腹が続くと錯覚 | 晴天が続くと錯覚 |
|---|---|

空腹のときに、たくさん食べられると思い、食べ放題の店に入ってしまう。

暑くて天気のいい日に、オープンカーを買ってしまう。

## ▶ インパクト・バイアス〔図2〕

未来に起きるできごとが自分に与える感情や影響を、実際より過大に推測してしまう傾向のこと。

実際に大学に入ったら…

有名大学に入ったら、「サークルに入って、彼女とデートだ」などと、最高に楽しいだろうと想像する。

大学生活が日常になると、「大学って、こんなものか」など、想像していたよりも楽しくないと感じる。

# 44 お金の価値を錯覚する？「貨幣錯覚」のしくみ

実質の所得が変化していないにもかかわらず、
名目上の所得に基づいて判断してしまう！

　貨幣の価値はどうやって決まるのでしょうか？　伝統的な経済学
では、**「貨幣供給量が物価の水準を決定している」**と考えます。こ
の考え方は、**「貨幣数量説」**と呼ばれます。例えば、供給される貨
幣量が２倍になると、これまで１万円で購入できた商品が２万円出
さないと購入できなくなります。この原理を利用すれば、貨幣の供
給量によって、物価をコントロールできるのです。

　貨幣数量説に基づけば、もし給料が100万円から200万円に
上がったとしても、物価が２倍に上昇すれば、消費行動は変わらな
いはずです。しかし現実には、ヒトは給料が上がると、物価が上昇
した分以上に、お金を使おうとします。逆に、物価が下落しても、
給料が上がらなければ、ヒトはお金を使いたがりません。このよう
に、**実質の所得が変化していないにもかかわらず、名目上の所得に
基づいて判断してしまうことを、「貨幣錯覚」**といいます〔**右図**〕。
貨幣錯覚は、**「フレーミング効果」**（➡P82）のひとつといえます。

　貨幣錯覚は、経済政策に利用されることがあります。インフレが
発生して貨幣価値が下がっているときに、名目上の賃金を引き上げ
ると、人々の消費が増え、経済を活性化できます。しかし、**貨幣錯
覚による効果は短期的**で、長期的には元の経済状態に戻ります。

# 名目の金額で損得を評価する

## ▶貨幣錯覚の実験

カーネマンらは、被験者たちに次のようにたずねた。

**設定** 20万ドルで買った家を売却する

**質問** A・B・C のうち、誰が成功者か？

| A | B | C |
|---|---|---|
| 経済状態 | 経済状態 | 経済状態 |
| **25%のデフレ** | **安定**（デフレでもインフレでもない） | **25%のインフレ** |
| 売値 **15万4,000ドル**（買値の−23%） | 売値 **19万8,000ドル**（買値の−1%） | 売値 **24万6,000ドル**（買値の+23%） |
| ▶ 37% | ▶ 17% | ▶ 48% |

C を成功と考える人が
48%で最多だった！

### 実質的価値の計算方法

デフレ状態だと貨幣価値は上がるため、物価下落率の分だけプラスになる。インフレ状態だと貨幣価値は下がるため、物価上昇率の分だけマイナスになる。

**A** 売値 −23% + 貨幣価値の上昇 25% = 2% ◀ 実質的価値は一番高い！

**B** 売値 −1% + 安定 0% = −1%

**C** 売値 +23% + 貨幣価値の下落 −25% = −2% ◀ 実質的価値は一番低い！

▶ 実質的価値ではなく、名目値（売値）で判断している！

# 45 選ばなかったモノなどの価値は無視しがち?

**なるほど!** 選ばれなかった選択肢には、「選んでいたら、得られたはずの価値」があるが、無視しがち!

　もし、日給6,000円のバイトを休んでバーゲンに行き、1万円の服を半額の5,000円で買ったなら、5,000円を得したことになるでしょうか?　バイトを休んで得られなかった6,000円を「損失」と考えると、結果的には1,000円を損したことになります。

　**ある選択肢を選ぶことは、ほかの選択肢をあきらめること**です。そして、選ばれなかった選択肢には、**「選んでいたら得られたはずの価値」**があります。これを、**「機会費用」**と呼びます。ここでいう「費用」とは、「失った利益」のことです。そして、ヒトは選択をするとき、機会費用を考えない傾向があります。これが、**「機会費用の軽視」**です。その一方、回収できない費用**「サンクコスト」**（→P72）は無視するべきなのに、こだわってしまうのです。

　行動経済学者アリエリーは、自動車販売店の来店客に、「車を買うことで、何をあきらめることになるか?」と質問したところ、ほとんどの客は、何も答えられませんでした。つまり、**ヒトはふだんの生活で機会費用を意識していない**のです〔**図1**〕。

　機会費用を軽視してしまうのは、お金が**抽象的**なので、**失った価値を想像しにくい**ことが要因と考えられます。賢い選択をするためには、日頃から機会費用を意識しておくとよいでしょう〔**図2**〕。

# 「見えない損」は意識しにくい

## ▶ 機会費用の軽視の実験〔図1〕

行動経済学者シェーン・フレデリックらは、被験者をA・Bの2つのグループに分けて、「ずっとほしかった映画のDVDが特別セールで15ドルで販売されていたら、どちらの選択肢を選ぶ？」とたずねた。

**Aグループの選択肢**

このDVDを買う  75%

このDVDを買わない 25%

**結果** 「買う」「買わない」の二者択一だと、8割近くが「買う」を選んだ！

**Bグループの選択肢**

このDVDを買う  55%

このDVDを買わず、15ドルで別のモノを買う  45%

**結果** 機会費用を意識するだけで、「買わない」を選ぶ人が約2倍に増えた！

## ▶ 機会費用の意識化〔図2〕

コスト削減など、目先の利益ばかりを意識すると、賢い選択ができなくなる。機会費用を意識することで、生産性をアップすることもできる。

**例 タクシーでの移動**

タクシーを使えば、電車を使うより料金はかかるが、目的地に早く到着できるだけでなく、パソコンを開いてメールをチェックしたり、電話をかけたりするなど、時間を有効に使える。

133

# 46 ヒトは肩書きに弱い？「権威への服従」

**なるほど！** 権威のあるものを直感的に信頼して、ほぼ無条件に「正しい」と思いこんでしまう！

2冊のダイエット本があり、1冊が「医師が監修」、もう1冊が「芸能人が監修」だったとしたら、医師監修の方が安心できそうに感じませんか？　私たちは、目の前の人物が、医師や弁護士、学者など、**社会的な地位の高い人物**であるとわかると、その人物のことをよく知らなくても、「信頼できそう」と思ってしまいます。このように、**権威のあるものを直感的に信頼し、ほぼ無条件に「正しい」と思いこんでしまうことを、「権威への服従」**といいます。

権威への服従の心理は、幅広く活用されています。テレビ番組の**コメンテーター**に医師や弁護士、教授などが多いのは、この心理を利用しているためです。ビジネスにおいても、商品やサービスに「○○が監修」「○○が絶賛」と、専門家や有名人の**顔写真**を入れて宣伝したり、「金賞受賞」と**受賞歴**をアピールしたりするのは、すべて権威への服従の効果をねらっています〔**図1**〕。

ヒトは肩書きだけでなく、権威のある服装にも弱いことがわかっています。例えば、**白衣を着ているだけで、職業を知らなくても専門家だと思いこんで**権威を感じてしまいます。例えば、スーパーなどの警備員が警察官のような服装をしているのも、この心理を利用しています〔**図2**〕。

# 肩書きや服装を無条件に信じる

## ▶権威への服従の具体例〔図1〕

権威への服従は効果が高いため、ビジネスで幅広く活用されている。

### 共同開発・監修

「医師と共同で開発した健康茶」「シェフ監修のチョコ菓子」などとアピールした商品は、無条件に信頼度が高まる。

### 専門家のコメント

有名な映画評論家が、「絶対に見るべき」などとコメントすると、映画を見ていない人の評価を無意識に高める。

## ▶服装に感じる権威〔図2〕

医師の白衣や警察官の制服などは、権威として作用する。例えば、白衣を着た医師を見ただけで、その医師がどのような人物か知らなくても信頼してしまう。

### ドレス効果

白衣や制服などを着た人を見ると、その人の内面は制服に合ったものだと判断してしまう。また、白衣や制服を着た人は、それに合った心理状態になりやすい。こうした心理を「ドレス効果」という。

もっと知りたい！ 行動経済学のしくみ **2章**

# 47 比べ方で評価が変わるのはなぜ?

別々に比較するよりも、同時に比較した方が、細部のちがいを過剰に評価してしまう!

家電販売店で、ほぼ同じ性能・定価の2台のテレビがあり、一方が5%オフ、もう一方が10%オフなら、どこに性能のちがいがあるのか探しませんか? でも、この2台のテレビを別々の場所で見たなら、割引率や性能を比較しにくいので、細かなちがいは気にならないはず。このように、ヒトは**複数のモノの価値を比較するとき、別々に比較するより同時に比較した方が、細部のちがいを過剰に評価**します。これを、**「区別バイアス」**といいます。「相対性」(➡P116)の影響によるバイアスです。

区別バイアスは、日常でよく見られます。例えば、リンゴが1個しかない場合、それだけ食べて「おいしかった」と満足できますが、5個のリンゴから1個を選ぶとしたら、「どれがおいしいだろう」と、吟味しませんか? また、複数のカラーバリエーションの中からひとつを選ぶときなどにも、区別バイアスが発生します〔**図1**〕。

区別バイアスによって、**数量的な差(金額など)は過大評価**されやすく、**質的な差(品質など)は過小評価**されやすくなります。このため、区別バイアスの影響を受けると、「こちらを選んだ方が満足度は高いはず」という**「期待効用」**と、実際の経験から得られる**「経験効用」**(➡P114)が異なることがあるのです〔**図2**〕。

# 比較すると細部が気になる

## ▶ 区別バイアスの例 〔図1〕

スマホのカラーバリエーションが1種類だけのときと、追加カラーが発売されたときとでは、満足度が変化する。

| 1種類のときに購入 | 追加カラーが発売 |
|---|---|
| グレー1色しか発売されていなければ、グレーで満足する。 | 「少し待って、最新の色にしておけばよかった」などと感じ、満足度が下がる。 |

最新カラー

同時に比較すると評価が変わる！

## ▶ 区別バイアスによる悪影響 〔図2〕

「給料は高いが、つまらない仕事」と「給料は低いが、おもしろい仕事」のどちらかを選ぶ場合、区別バイアスが強く作用すると、給料の高さを重視し、つまらない仕事を選ぶ傾向がある。

しかし実際に、給料は高いがつまらない仕事をはじめてみると、仕事のおもしろさに満足できず、自分の選択を後悔することがある。

# 無料なのに商売が成り立つ？
# 「無料」のパワーとヒミツ

「初回無料」や「無料サンプル」など、世の中には多種多様な無料サービスがあふれています。成り立つのでしょうか？

**「1円も損したくない」**という心理を利用した無料サービス。無料の有効性は、行動経済学者アリエリーの実験が有名です。この実験では、まず**高級チョコを15セント、普通のチョコを1セント**で販売しました。すると、**73%**の人が高級チョコを購入し、普通のチョコを購入したのは**27%**でした。次に、**高級チョコを14セント**で販売し、**普通のチョコを無料**で提供したところ、高級チョコの購入

者は**31%**に減り、**69%**が無料のチョコを選んだのです。どちらも１セントずつ安くなったので、合理的に考えれば高級チョコの購入者が増えるはずが、実際には、無料の魅力に圧倒されたのです。

　無料の魅力はビジネスで幅広く活用され、**無料（フリー）をコンセプトにしたビジネスモデルは、「フリー戦略」と呼ばれます**。フリー戦略には大別して４種類あります〔**下図**〕。基本的に、フリー戦略は、「他人に何かをしてもらったら、お返しをしたくなる」という**「返報性の原理」**を利用して、無料から利益を生み出すことをねらっています。無料につられないためには、フリー戦略の意図を理解して、不必要なモノを購入しないように心がけましょう。

## フリー戦略の種類

### 直接的内部的相互補助

「ピザ2枚目は無料」のように、無料サービスを示して有料サービスを購入させる。

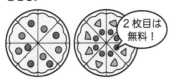

### フリーミアム

試食や無料サンプルのように、商品やサービスを無料で提供し、一部の人に有料サービスを利用してもらう。

### 三者間市場

民放テレビやネットの検索サービスのように、提供者と利用者とは別の広告主（第三者）が費用をまかなう。

### 非貨幣市場

ネット通販のレビューや、SNSの投稿など、注目や評判を得るために無料サービスを提供する。

ヒトが不合理な意思決定をするのは脳のせい?

# 神経経済学とは?

行動経済学によって、ヒトは不合理な意思決定をすることが示されました。では、なぜ不合理な意思決定をしてしまうのでしょうか? その原因を追求していくと、最終的には、「脳のはたらき」に行き着きます。こうして、大脳生理学の研究結果を用いて、ヒトの経済的な意思決定のしくみを解き明かそうとする「神経経済学」が、1990年代後半に誕生しました。

神経経済学によって、神経伝達物質のひとつであるドーパミンが、意思決定に大きく影響していることが明らかになっています。ドーパミンが分泌されると、ヒトは幸福感を得たり、やる気が出たりします。そして一度、ドーパミンによる快楽を経験すると、「もっと快楽を味わいたい」と求めるようになります。このため、ダメとわかっていても、ダイエット中にケーキを食べたり、禁酒中にお酒を飲んだりしてしまうのです。

さらにドーパミンは、「期待できる状態」のときにも分泌されます。「利益が出そう」「安く買えそう」「株価が上がりそう」などと、期待値が上がったとき、ドーパミンが分泌され、脳は興奮状態におちいります。そして、期待値を上回る報酬を得たとき、さらにドーパミンが分泌され、大きな達成感を味わえるのです。逆に、大きな報酬を得ても、それが期待値を下回っていたら、ドーパミンは分泌されないそうです。

# 3章

## 行動経済学の 実践〔ナッジ〕と 発展!

行動経済学の知見を用いて、
人々をよりよい行動に誘導する「ナッジ」。
ナッジの理論や活用法を中心に、
行動経済学への理解をさらに深めていきましょう。

# 48 よりよい選択に誘導？「ナッジ」とは

**なるほど！** 行動経済学を使って、ヒトが**望ましい行動**を取れるように、**後押しするアプローチ**のこと！

ヒトには、**「自分で決めたい」**という欲求があるので、他人から禁止されたり、命令されたりすると反発したくなります。例えば、持病が悪化している人が、他人から「早く病院に行くべき」と忠告されても反発して先延ばしにする…といったことがありますね。

そこで、近年、大きく注目されているのが**「ナッジ」**です。ナッジとは、**行動経済学の知見から、ヒトが望ましい行動を取れるように後押しするアプローチ**のことで、**「肘でそっと押す」**という意味の英語です。報酬や、規制・罰則などで誘導するのではなく、**あくまで自発的に、その人にとって望ましい行動に誘導する**ことが特徴です。ナッジを発案したのは、ノーベル経済学賞を受賞したセイラー教授らで、世界各国で導入されています。

ナッジで有名なのが、オランダの**スキポール空港のトイレ**です。ここの男性用小便器には小さなハエの絵が描かれています〔**図1**〕。用を足すとき、男性は無意識にこのハエを目標にします。この結果、飛散による汚れは80％も減少し、清掃コストを20％も削減できたのです。このほか、スウェーデンのストックホルムでは、**地下鉄駅の階段をピアノの鍵盤のようにデザイン**して、階段を踏むたびに音が出るようにしました。住民の健康のため、エスカレーターでは

## ▶ スキポール空港のトイレ 〔図1〕

「ヒトは的があると、そこにねらいを定める」という分析に基づき、男性用小便器の内側に、小さなハエの絵が描かれた。

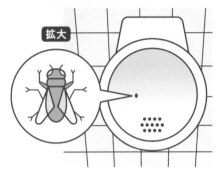

拡大

男性は、無意識にこのハエをめがけて用を足すため、小便の飛散が8割も減った。ナッジの成功例として知られる。

なく階段の利用を促進するのがねらいでした。この結果、階段利用率は、66%も上昇したのです。日本でも、コンビニやスーパーのレジ前に、**足跡や矢印のステッカー**が貼られていますよね。これも、行列整理を目的としたナッジなのです〔➡P144 **図2**〕。

ナッジの重要なポイントは、**「その人の意思で選択させて、よりよい行動に誘導すること」**です。例えば、ビュッフェ形式のレストランで、野菜や果物を目につきやすく、取りやすい場所に置くことで、健康増進へと導くのはナッジですが、レストランからジャンクフードやデザートを排除するのはナッジとはいえません。**「選択の余地」**を残しておく必要があるのです〔➡P144 **図3**〕。

ナッジは、公共政策でも成果を上げています。イギリスでは、2010年にナッジの政策活用を推進する組織**「ナッジ・ユニット」**が設立され、50%程度だった年金の加入率を約80%まで上昇させました〔➡P145 **図4**〕。ナッジは、選択がむずかしいときや選択の結果がわからないときなどに、役立ちます〔➡P145 **図5**〕。

行動経済学の実践〔ナッジ〕と発展！ **3**章

# 選択の余地を残して誘導する

## ▶ レジ前のステッカー 〔図2〕

ナッジの代表的な事例として、コンビニやスーパーのレジ前の床に貼られた矢印や足跡のステッカーがある。

これにより、店員が誘導しなくても、客どうしが自発的に整列できるように促している。

## ▶ ビュッフェの陳列方法 〔図3〕

ビュッフェ形式のレストランでは、手前に並んだ料理や、目の高さにある料理が取られやすい。これを利用して、客にそれと気づかせることなく、健康的な食事へと誘導できる。

**ナッジではない事例**

- 健康によくない料理を禁止する。
- 「健康に悪い」と注意書きを出す。
- 野菜や果物を食べたら、料金を安くする。

ナッジのポイントは、あくまで選択の余地を残しておくこと。「自分で選択した」という意識で行動させることが重要。

# 公共政策にされるナッジ

## ▶ ナッジ・ユニットが開発した「EAST」〔図4〕

イギリスの内閣府傘下に設置された組織「ナッジ・ユニット」は、行動経済学の成果をもとに、実際の現場で使える考え方の枠組みを開発した。

※EASTはEasy・Attractive・Social・Timelyの頭文字を取ったもの。

| **E** asy (かんたん) | ● デフォルト（初期設定）を活用して、自動的に選択させる。<br>● 手続きなどの面倒な要素をなくし、行動につなげる。<br>● メッセージをシンプルにして、指示を明確にする。 |
|---|---|
| **A** ttractive (印象的) | ● 文字や写真、画像、デザインなどを工夫して、注意を引く。<br>● 金銭以外の楽しさや達成感などのインセンティブを設計する。<br>● 「損失を避けたい」という心理を活用する。 |
| **S** ocial (社会的) | ● 多くの人がやっているという社会規範を示す。<br>● 仲間を巻きこむなど、ネットワークの力を利用する。<br>● 周囲に行動を宣言し、自ら行動するように誘導する。 |
| **T** imely (タイムリー) | ● 受け入れやすい時期（タイミング）を見計らって介入する。<br>● 現状維持バイアスを考慮し、長期的な利益やコストを示す。<br>● 対処方針を事前に計画させて、確実な行動につなげる。 |

## ▶ ナッジが有効な場面〔図5〕

| **1** 選択がむずかしい | **どれを選ぶべきかわからない場合** ● メニューの数が多すぎるなど |
|---|---|
| **2** めったに起こらない | **過去にほとんど経験したことがない場合** ● 大学選びや結婚など |
| **3** 結果がすぐにわからない | **選択とその結果にタイムラグがある場合** ● ダイエットや禁煙など |
| **4** フィードバックがない | **選択の結果をすぐに得ることができない場合** ● 社会人の勉強など |
| **5** 選択の結果が不明 | **選択してどういう結果になるのか想像しにくい場合** ● 保険商品など |

# Q ヒトが物事を考えるときに 直感的に考える割合は何%?

| 25% | or | 55% | or | 75% | or | 95% |

ヒトは、論理的・分析的にじっくり考えるときと、直感的・経験的に、ぱっと考えるときがあります。では、ヒトが、意思決定のときに直感的に考える割合は、おおよそ何%でしょう？

バットとボールの合計金額が1,100円だったとします。「バットはボールより1,000円高い」といわれると、多くの人はボールの値段を「100円」とかんちがいしてしまうそうです。よく考えるとわかりますが、バットは1,050円で、ボールは50円です。

値段をまちがえたのは、直感的な思考をしてしまったから。ノー

ベル経済学賞を受賞したカーネマンによると、ヒトの脳には情報処理を司る2つのシステムがあるといいます。**「システム1（速い思考）」**は、直感や経験、感情などに基づいて、高速で自動的に情報を処理し、常に発動しています。**「システム2（遅い思考）」**は、論理的・分析的に情報を処理できますが、通常はスリープ状態で、発動させるには、意思と集中力と時間が必要です。

つまり、**システム2は情報処理負荷が大きいので、常に発動させていると、脳に負担がかかりすぎる**のです。ヒトは脳を効率的に使うため、システム1とシステム2を使い分けて日常生活を送っているのです〔**下図**〕。

情報処理を司る2つのシステム

シリステム1（速い思考）
◆直感的・経験的に判断
◆常にオンの状態
◆自動的・無意識に処理
◆負荷が小さく、疲れない

判断に困ると応援を要請

システム2（遅い思考）
◆論理的・分析的に判断
◆通常はスリープ状態
◆自覚的に作動させる
◆負荷が大きく、疲れる

システム1をチェック

しかしシステム1は、**「ヒューリスティック」**（→P46）や、さまざまな**バイアス**を引き起こします。システム1で意思決定する割合は約95％といわれます。つまり、「95％」が正解です。ヒトはほとんどの場合、直感的に物事を考え、判断しているのです。

# 49 命令に逆らいたくなる?「カリギュラ効果」

なる
ほど! 他人から**命令**されたり**禁止**されたりすると、
**ストレス**を感じてそれを**破りたくなる**!

「絶対に見ないで」と言われると見たくなったり、「絶対にヒミツ」と言われると誰かに話したくなったりしませんか? ヒトは本来、**自分のことは自分で決めて、自由に行動したい**という欲求をもっています。このため、**他人から命令されたり禁止されたりすると、ストレスを感じ、それを破りたくなる**のです。これを、「**カリギュラ効果**」といいます〔**図1**〕。他人から制限された自由を取り戻したくなる「**心理的リアクタンス**」(➡P108)と関連する心理です。

　カリギュラ効果の影響で、政府の命令や罰則などでヒトの行動を抑えつけることはできません。例えば、アメリカでは、1920年に禁酒法が出され、アルコール飲料の製造・販売が禁止されましたが、**人々の飲酒欲求は高まり**ました。その結果、酒の密売組織が勢力を伸ばし、暗黒街での犯罪が助長される結果を招いたのです。こうした歴史からも、「**ナッジ**」(➡P142)が注目を集めているのです。

　このほか、カリギュラ効果は、身近な例でもよく見られます。「ポイ捨てするな」という注意書きのそばに、ゴミが大量に捨てられているのを見たことがある人は多いでしょう。こんなとき、ナッジ理論が役立ちます。例えば、**ゴミ箱にバスケットゴールをつけるだけで、ゴミ箱にゴミを入れる人を大幅に増やせる**のです〔**図2**〕。

## ▶カリギュラ効果の活用例〔図1〕

カリギュラ効果は、広告やマーケティングで幅広く活用されている。代表的な方法に、「禁止」と「制限」がある。

| 禁止する |
|---|

ホラー映画の宣伝文句「心臓の弱い人は見ないでください」など、特定の行動を禁止するキャッチコピーで誘導する。

| 制限する |
|---|

「本日限定」「有料会員限定」などの制限をかけることで、一時的に集客力を高めたり、会員登録者数を増やしたりする。

## ▶ポイ捨てを減らすナッジ
〔図2〕

「ポイ捨てするな」「ゴミはゴミ箱に」といった貼り紙は、カリギュラ効果によって効果が出にくい。しかし、ゴミ箱にバスケットゴールをつけることで、ポイ捨て防止につなげることができる。

# 50 ナッジが重視するのは 強制? それとも自由?

**なるほど!** 個人の**自由**を重視する「**リバタリアン**」と、**強制**を重視する「**パターナリズム**」の融合!

「**ナッジ**」を提唱したセイラーの著書『実践 行動経済学（原題：Nudge)』の原著の表紙には、**親のゾウが鼻で子ゾウをそっと押しながら歩く絵**が描かれています。この絵は、ナッジを象徴する絵といえます。そして、この絵は、「**リバタリアン**」と「**パターナリズム**」という2つの考え方を融合させた「**リバタリアン・パターナリズム**」という、ナッジのコンセプトを表しているのです〔**図1**〕。

「リバタリアン」とは、**自由主義者**という意味で、個人の自由裁量の余地を広げることを重視し、政府はできる限り個人に対して干渉を避けるべきだと考えます。

一方の「パターナリズム」は、**家父長主義**という意味で、政府や権力者のような強い立場にある人が、個人にメリットをもたらす方法を個人に代わって考え、その行動を選択するという思想です。

2つの思想は相反しているように見えますが、ナッジでは、両方の思想を組み合わせることで、よりよい行動へ導こうとしているのです。つまりナッジとは、**選択者の自由意思に影響をまったく（あるいはほとんど）与えることなく、合理的な判断に導くしくみをつくること**なのです。これを、「**選択アーキテクチャー**」といい、代表的なものに「**デフォルト**」（➡P152）などがあります〔**図2**〕。

# よりよい選択ができるしくみを設計

## ▶ リバタリアン・パターナリズム〔図1〕

リバタリアン・パターナリズムは、親のゾウ（政府）と、子ゾウ（国民）の絵で考えるとわかりやすい。

リバタリアン
（自由主義者）

パターナリズム
（家父長主義）

リバタリアン・
パターナリズム

親のゾウは、子ゾウを自由に歩かせて、注意を払わない。

子ゾウを背中に乗せた親のゾウが、すべての行動を選択する。

親のゾウが鼻で、子ゾウをそっと押しながら、歩くべき方に導く。

## ▶ 選択アーキテクチャーの6つの要素〔図2〕

### 1 デフォルト
最初からすでに選ばれている状態にする。（➡P152）

### 4 フィードバック
選択の結果を、わかりやすく伝える。（➡P158）

### 2 選択肢の構造化
オススメの選択肢をしぼって提示する。（➡P154）

### 5 マッピング
選択と結果との対応関係を明確に示す。（➡P160）

### 3 インセンティブ
選択するための動機づけをする。（➡P156）

### 6 エラーの予期
ミスが起こることを想定して設計する。（➡P162）

# 51 なぜヒトは「デフォルト」を変えたがらない?

**なるほど!** デフォルトとは、利用者が**特に選択を行わないときに実行される選択肢**のこと!

　新しくスマホを買ったとき、多くのアプリが最初からインストールされていますよね。これによって、ゼロからインストールする手間が省けます。このように、**ある選択肢が最初から選ばれている状態を、「デフォルト（初期設定）」**といいます。スマホの不要なアプリはあとから削除できますが、初期設定の変更を面倒に感じて、放置している人も多いようです。ヒトがデフォルトのままにしがちなのは、現状に価値を感じ、変化を避けようとする**「現状維持バイアス」**など（⇒P76）の影響です。この心理を利用して、ナッジでは、**「望ましい選択肢に初期設定」**という方法が利用されています。

　デフォルトの効果を示す事例に、**「臓器提供の意思表示」**があります。ヨーロッパでの調査によると、自分が脳死になった場合、臓器提供への同意率はドイツやイギリスなどでは低く、フランスやオーストリアなどでの同意率はほぼ100%でした。**これほどの差が生じた原因は、意思の確認方法**でした。同意率の低い国では、**臓器提供の意思を持つ人が印をつける「オプト・イン方式」**、高い国では、**臓器を提供したくない人が印をつける「オプト・アウト方式」**だったのです。オプトインは「参加すること」、オプトアウトは「参加しないこと・脱退すること」を意味します〔**右図**〕。

## 多くの人はデフォルトを変えない

### ▶臓器提供の国別同意率

2003年、ヨーロッパで、自分が脳死した場合に臓器提供に同意するかどうかを示す「同意率」の調査が実施された。国によって大きな差が出たのは、意思の確認方法のちがいによるものだった。

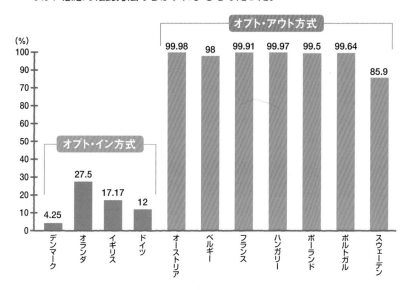

| | オプト・イン方式 | | | オプト・アウト方式 | | | | | | |
|---|---|---|---|---|---|---|---|---|---|---|
| 国 | デンマーク | オランダ | イギリス | ドイツ | オーストリア | ベルギー | フランス | ハンガリー | ポーランド | ポルトガル | スウェーデン |
| (%) | 4.25 | 27.5 | 17.17 | 12 | 99.98 | 98 | 99.91 | 99.97 | 99.5 | 99.64 | 85.9 |

**オプト・イン（加入）方式**

臓器提供の意思がある場合、チェックを入れてください。

☐ 臓器を提供する

⬇

臓器を提供しないことがデフォルトになっている！

**オプト・アウト（離脱）方式**

臓器提供の意思がない場合、チェックを入れてください。

☐ 臓器を提供しない

⬇

臓器を提供することがデフォルトになっている！

※出典：Eric J. Johnson and Daniel Goldstein, Science（2003）

# 52 選択肢を整理して誘導？「選択肢の構造化」

なる
ほど！ **複雑な選択肢**でも、わかりやすく**整理**すれば、
**よりよい選択肢を選ばせる**ことができる！

　レストランのメニューが多すぎると、どれを選んでいいか、わからなくなりませんか？　ヒトは選択肢が多すぎると、**「決定回避の法則」**（➡P111）の影響で、判断に迷い、選択できなくなってしまいます。こんなとき、店長がメニューに、「本日のオススメ」「今月限定」などと書くと、客は注文しやすくなります。

　このように、**選択肢が複雑で数が多い場合、わかりやすく整理することで、よりよい選択に誘導**できます。これを、**「選択肢の構造化」**といい、**「ナッジ」**で重視されています〔**右図**〕。メニューにカロリー表示をしているのも、選択肢の構造化です。高カロリーを避けたい人は、不要な選択肢を除外し、選択をしやすくなるのです。

　このほか、賃貸住宅情報を探せるサイトにも、選択肢の構造化が利用されています。「駅から徒歩５分以内」など、客は重視する条件を入れて**「フィルタリング」**することで、**選択肢を絞れる**のです。

　選択肢の構造化は、ビジネスに活用されています。例えば、専門知識のない一般客が、投資信託や保険商品のパンフレットを見ても、どれを選んでいいのかわかりません。こういうとき、**「あなたにオススメのプランを３つご用意しました」**と提案し、３つの中から選べるようにすると、客はよりよい選択をしやすくなるのです。

154

## ▶ 選択肢の構造化の活用例

ナッジを活用するとき、選択肢の構造化は基本原則のひとつになっている。

### レストランのメニュー

メニュー数が多く、味をイメージできない場合、「店長オススメ」「本日のオススメ」などの表示でメニューを選びやすくできる。

### 賃貸住宅情報サイト

「徒歩10分以内」「2階以上」など、条件を入力して絞りこませることで、希望に沿った部屋を見つけやすくできる。

### 投資信託の商品

投資信託の商品には、「インデックスファンド」や「為替ヘッジ」など、専門用語が多い。専門家が、客に最適なプランに絞って提案するのが有効。

### 会議の進行役

会議でさまざまな意見が出たとき、「ここで多数決を取りましょう」と、進行役が代表的な意見を取りまとめて、その中から選ぶように提案すると、まとまりやすい。

# 53 得と思わせて誘導する？「インセンティブ」

**なるほど！** インセンティブとは、人や組織がある行動を取るように仕向ける「誘因」のこと！

　ヒトの行動を変えるには、「この行動を取ると得だ」と思わせるのが効果的です。つまり、**「インセンティブ」**で、ヒトの行動を誘導できるのです。**「ナッジ」**では、**特定の行動を取ったときにインセンティブを得られるしくみをつくり、無意識に賢明な行動が取れるように後押し**します。

　例として、ランニングマシンがあります。運動量に応じて燃焼カロリーが表示されると、「もっとがんばろう」と思えるのです〔**図1**〕。

　インセンティブには、**「金銭的インセンティブ」**（⇒P118）と、表彰や社会的承認などの**「非金銭的インセンティブ」**がありますが、金銭的インセンティブに頼ることは、ナッジではありません。

　これとは逆に、**「損失回避傾向」**を利用して、**「この行動をしなければ損になる」**というメッセージも効果的です。東京都八王子市では、大腸がん検診の受診率を改善するために、ナッジを活用した実験をしました。未受診者に対し、「今年度、受診された方には、**来年度も検査キットをお送りします**」「今年度、受診されなかった方には、**来年度は検査キットをお送りできません**」という2種類の案内ハガキを送付したのです。その結果、「キットが送られない」というハガキを受け取った人の方が、受診率が高くなりました〔**図2**〕。

156

## ▶ ナッジにおけるインセンティブ〔図1〕

ナッジは、「強制でないこと」のほかに、「金銭的インセンティブを使わないこと」が特徴。ただ、少額の節約や、ポイント・クーポンの提供などは、ナッジに含まれることもある。

スポーツジムのランニングマシンで、燃焼カロリーを表示することは、インセンティブになる。

## ▶ 大腸がん検診受診率向上の実験〔図2〕

東京都八王子市では、大腸がん検診の未受診者に対し、受診をススメるために、AとBの2パターンのハガキを作成して、それぞれハガキを送った。

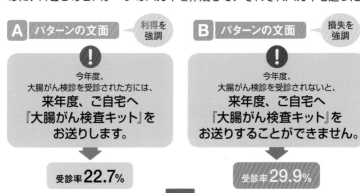

**A** パターンの文面　利得を強調

今年度、
大腸がん検診を受診された方には、
**来年度、ご自宅へ**
**『大腸がん検査キット』を**
お送りします。

受診率 **22.7**%

**B** パターンの文面　損失を強調

今年度、
大腸がん検診を受診されないと、
**来年度、ご自宅へ**
**『大腸がん検査キット』を**
お送りすることができません。

受診率 **29.9**%

損失を強調した方が受診率は向上した!

# 54 納税率も上がる？「フィードバック」の効果

**なるほど！** ある行動に対して改善点や評価などを伝えて、軌道修正をうながすことで、正しく導く！

**「ナッジ」**の重要なコンセプトのひとつに**「フィードバック」**があります。フィードバックとは、**ある行動に対して改善点や評価を伝えて、軌道修正をうながすこと**です。例えば上司が部下のミスを確認して、再発防止案を提案することもフィードバックといえます。

フィードバックによって、**強制することなく、正しい行動に導くことができます**。例えば、デジタルカメラは、写真を撮るたびに撮った写真が表示されるので、正しく撮影できたかどうかがすぐにわかります。ほかにも、ネットで入力ミスをした際、「半角で入力してください」などの表示が出るのもフィードバックです〔**図1**〕。

公共政策でもフィードバックは取り入れられています。効果を上げた実証実験に、イギリスでナッジを推進するナッジ・ユニットが、税金の滞納者に送った**「納税通知書」**があります。この通知書には、**同じ地域の住民たちの納税率**が記載され、「この地域のほとんどの人が納税を済ませています」と書かれていました。こうした**社会規範**（→ P178）を示すことで、納税率は68％から83％にまで上昇したのです〔**図2**〕。この結果をふまえ、2012年、イギリスではナッジを用いたメッセージを納税通知書に記載することを決定し、年間およそ2億ポンド（約300億円）の税収増加を実現しています。

## ▶ フィードバックを利用した製品 〔図1〕

フィードバックによって、デジタルカメラやパソコンなどはうまく操作できているかどうかがすぐにわかる。

### デジタルカメラ

撮影後に、撮った写真をすぐに確認できる。

目をつむってるからもう1回撮ろう！

### ノートパソコン

バッテリーの残量が減ると、警告する。

早く充電しないと！

## ▶ イギリスの納税通知書 〔図2〕

あなたの住む地域では10人中9人が期限までに税を支払っています

イギリスでは、納税率が悪いことが問題だったが、フィードバックを利用した文面にすることで、納税率を15%も向上させた。

イギリス全体の納税率より、対象者が住む地域の納税率を記した方が、効果が高かった。

# 55 選択と結果の関係を示す「マッピング」って何？

**なるほど！** どの選択肢を選べばどのような結果になるか、その関係を示すこと！

　携帯電話の料金プランが複雑で、どれが自分にとって最適なプランなのか迷ったことはありませんか？　基本料金のちがいだけでなく、データ通信量やポイントサービスなど、複雑な条件から判断する必要があるので、**選択の結果、どういう結果になるのか想像しにくい**のです。こんなとき、**「ナッジ」**が有効です。

　例えば、「Aプランは、家族との無料通話時間が最大」「Bプランはデータ通信が使い放題」など、そのプランを選んだ場合の利益が明確にわかると、選びやすくなります。また、「データ通信量は1GB」という説明より、「動画を約2時間見られます」と説明された方が理解しやすいです。このように、**どの選択肢を選べば、どのような結果になるか、その関係をわかりやすく示すことを、「マッピング」**といい、ナッジで重視されます〔**図1**〕。

　また、「蛍光灯をLEDに交換すると年間の電気代が約1,800円もお得」など、**省エネの促進**などにもマッピングは効果を上げています〔**図2**〕。このほか、終末期医療において、成功確率の高くない手術に踏み切るかどうかなど、**これまで経験したことがない困難な選択**をする場合に、望ましい選択肢を選びやすくなるようなマッピングが求められています。

## ▶ マッピングの活用例〔図1〕

ヒトは、結果をイメージできないと、容易に選択できない。例えば、アイスクリームの商品名が「スカイブルー」で、味をイメージしにくい場合は、試食をススメるのが効果的。

## ▶ 省エネ促進に効果的なマッピング例〔図2〕

省エネの促進ポスターなどは、具体的な効果を明記することで、省エネ行動を取りやすくしている。

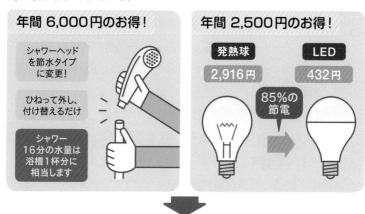

年間 6,000円のお得！

シャワーヘッドを節水タイプに変更！

ひねって外し、付け替えるだけ

シャワー16分の水量は浴槽1杯分に相当します

年間 2,500円のお得！

発熱球　2,916円
LED　432円
85%の節電

お得感をアピールして金銭的インセンティブに結びつけて、マッピングの効果を大きくしている！

# 56 ミスを前提に設計する?「エラーの予期」

**なるほど!** ヒトが**エラーを起こすことを前提に設計**すると、機械や自動車などを**効率よく安全に使える!**

ヒトがやってしまいそうなエラーをあらかじめ予測し、**エラーを起こすことを前提として設計**することで、「**ナッジ**」の効果を上げることができます。これが、「**エラーの予期**」です。起きたエラーは、「**フィードバック**」（➡P158）で、すぐに伝えることも重要です。

エラーの予期を活用した代表的な製品が自動車です。シートベルトを着けずに車を走らせたときに**警告音**が鳴ったり、自動的に**ヘッドライト**がついたりします。オフィスでは、電源の消し忘れを回避するため、パソコンやプリンターは**自動で電源がオフ**になり、トイレはセンサーによって**点灯・消灯が自動制御**されています。ATMで現金を取り出す前にカードが出てくるのは、**カードの取り忘れを防ぐため**です。また、生活家電の多くは、ブザー音やメロディーによって、取り忘れや開けっ放しを知らせてくれます〔**図1**〕。

このほか、経口避妊薬の「**ピル**」は服用法にも、エラーの予期が利用されています。ピルは、毎日21日間飲んだ後、7日間飲むのを休むという、特殊な服用サイクルです。飲み忘れなどが起きやすいため、28錠のうち、**最後の7錠が有効成分の入っていない偽薬（プラセボ）**になっているタイプがあります。これなら、毎日服用すればよいので、飲み忘れを防ぐことができます〔**図2**〕。

### ▶音で知らせる生活家電〔図1〕

生活家電の多くは、エラーを防ぐため、完了音やブザー音などが鳴る。こうした音は、言葉による説明でないにもかかわらず、意味を理解できる。

| 洗濯機 | 冷蔵庫 |
|---|---|
|  |  |
| 洗濯が終わると完了を告げるメロディーが鳴る。 | ドアが完全に閉まっていないと、ブザー音が鳴る。 |

### ▶ピルの28錠タイプ〔図2〕

ピルの28錠タイプの最後の7錠は有効成分が入っていない偽薬。ピルは、21日間毎日飲んで、7日間休むというサイクルで服用するが、28錠タイプは毎日服用するため、飲み忘れ防止の効果が期待できる。

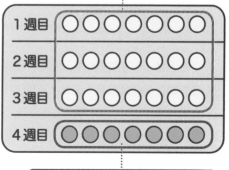

成分の入っている実薬（21日分）

1週目 ○○○○○○○
2週目 ○○○○○○○
3週目 ○○○○○○○
4週目 ○○○○○○○

有効成分の入っていない偽薬（7日分）

# 「先延ばし」を防ぐには、「締め切り効果」を利用！

大きな目標を立てても、ついつい先延ばしにしてしまう…。
そんなときは「締め切り効果」を利用してみましょう。

　ヒトは、現在に価値を見出し、将来の価値を低く見積もってしまうため、将来の目標に向かって努力することが苦手。「今度やろう」と、やるべきことを**「先延ばし」**にしがちです。先延ばしを防ぐには、**「コミットメント」**（➡P70）を表明して、将来の行動を決めることも有効ですが、**「締め切り効果」**が大きく役立ちます。

　締め切り効果とは、**ヒトは締め切りの日時が明確に与えられると、**

**集中力を発揮する**という心理で、行動経済学者のアリエリーらが実験で証明しました。その実験方法は、学生たちに、学期内に３本のレポートを提出するように指示し、提出する期限を３つのクラスごとに分けて、できばえを評価するというものです〔**下図**〕。

### 3クラスの提出期限

**クラス❶** 提出する週を自分で決定 ➡ 自分で締め切りを設定

**クラス❷** 学期の最終日までに提出 ➡ 途中に締め切りを設定しない

**クラス❸** 4週目・8週目・12週目に提出 ➡ 強制的に締め切りを設定

結果は、締め切りを強制的に設定したクラス❸のレポートの評価が最も高く、その次は、自分で締め切りを設定したクラス❶。評価が一番悪かったのは、締め切りを設定しないクラス❷でした。つまり、外部からの強制であっても、自分で決めたものであっても、**締め切りを設定することで、先延ばしを防ぐ効果があった**のです。

ただし、クラス❶の平均点を下げたのは、締め切りの間隔を十分に空けずに設定した学生たちでした。**自分で締め切りを設定するなら、適切な期間を確保しないと意味がない**のです。

また、締め切り効果は、集中状態を生み出しますが、「早く終わらせなければ」などと、時間に追われるような心理状態になりがちです。この心理を、**「トンネリング」**といいます。トンネリングにおちいると、**目の前のこと以外、目に入らなくなってしまいます**。これを避けるためにも、締め切りまでの期間は、ギリギリに設定するのではなく、余裕をもたせることが重要なのです。

# 57 ナッジを悪用する「スラッジ」とは?

私利私欲のため、自分に都合のいい選択に、ヒトを誘導すること!

**「ナッジ」**とは、行動経済学の研究成果を活用して、よりよい行動に誘導することです。ナッジは効果が高いため、悪用することもできます。**本人の利益が損なわれるような選択に導いたり、その行動を促す側にとって都合のいい選択に導いたりする**ような、いわゆる「悪いナッジ」は、**「スラッジ」**と呼ばれます。

スラッジとは、ヘドロを意味する英語で、ナッジを提唱したセイラーは、**「スラッジを排除するべき」**と主張しています。ネットで買い物をしたあとに送られてくる宣伝メールが**デフォルト**(初期設定)されていて解除がむずかしかったり、入会はかんたんなのに、退会・解約の手続きがむずかしかったりするのはスラッジです〔**図1**〕。公共政策においても、**社会保障の受給手続きが必要以上に複雑になっている**のもスラッジといえます。

また、ネット上でユーザーを意図的にだますためのウェブサイトやアプリのデザインは、**「ダークパターン」**と呼ばれ、代表的なスラッジとして、世界的な問題となっています〔**図2**〕。

このほか、**「奨学金」**は有利子の**「学費ローン」**ですが、制度の名称によって、「学費の給付」「無利子での貸与」といった誤解をしてしまう人にとっては、スラッジになってしまいます。

## 誘導する側を優先するのはダメ

### ▶ スラッジの具体例〔図1〕

| 離脱が困難な設計 | 疑惑を生む設計 |
| --- | --- |
| デフォルト（⇒ P152）を変更し、退会・解約する手続きが複雑なもの。 | アンカーリング（⇒ P52）によって、割引額を大きく見せるため、割引前の価格を不当に高く設定する。 |

希望者はワンクリック程度で
離脱できるようにするべき！

疑われないように
しっかり説明するべき！

### ▶ ダークパターン 〔図2〕

スラッジを目的としたウェブ上のデザインは、ダークパターンと呼ばれ、日本では主要サイトの6割以上で確認されたという。欧米ではダークパターンの規制が進んでいる。

> **ダークパターンの例**
>
> ◆勝手に商品を追加させたり、定期購入にさせたりする。
>
> ◆ボタンの大きさや色で、特定の選択肢だけを目立たせる。
>
> ◆予約サイトなどで、「3人が閲覧中」などと、事実でない情報を表示して焦らせる。

# Q 与えられた1万円を2人で分けるとしたら、いくら渡す?

| 1,000円 | or | 5,000円 | or | 9,000円 |

1万円を与えられ、まったくの他人のAさんと分けるように命じられるという実験です。ルールは、「Aさんに渡す額はあなたが決める」「その額をAさんが拒否したら、2人とも1円も受け取れない」というもの。渡した金額の平均は、おおよそいくらになったでしょう?

¥10,000

　これは、**「社会的選好」**を研究するための有名な実験で、**「最後通牒(最終提案)ゲーム」**といいます。**社会的選好**とは、他人の利得に関心を示すことで、自分が関わったことで他人が得をして満足を得る**「利他性」**や、他人の善意に報いようとする**「互恵性」**(➡P119)、不平等な分配を嫌う**「不平等回避」**などがあります。

## 高い金額を渡す理由

社会的選好の影響だけでなく、利己性も含まれる。

### 社会的選好

**利他性**

Aさんにもちゃんと渡して、喜んでほしい。

**不平等回避**

同じくらいの金額を渡さないと不平等だ。

### 利己性

ケチと思われたくないし、拒否されて自分が損するのは嫌だ。

　伝統的な経済学では、ヒトは**合理的な経済人（ホモ・エコノミカス）**であり、自分の利益だけを追求する**「利己的人間」**だと考えられてきました。もし、あなたがホモ・エコノミカスなら、Aさんには1円を渡し、残りの9,999円は自分のものにするはずです。一方のAさんも、「拒否して何ももらえないより、1円でももらった方が得だ」と考えるはずです。しかし、実際に最後通牒ゲームをすると、1円を提案する人はほとんどいません。平均的な提案額は、5,000円に近い金額になります。つまり、正解はおおよそ「5,000円」。そして受け取る側は、**3,000円以下を提案された場合、その半数が拒否をしている**のです。これは不平等な扱いに制裁を加えたいという**「負の互恵性」**の作用です。

　5,000円という高い金額を渡す理由は、利他性や不平等回避の影響です。このほか、「ケチと思われたくない」「断られたら自分も損」といった**利己性**も考えられます〔**上図**〕。

# Q 1万円を自分の独断で 分配できるなら、いくら渡す？

| 1円 | or | 3,000円 | or | 5,000円 |

1万円を他人のAさんと分ける「最後通牒ゲーム」（➡P168）では、Aさんは拒否できました。しかし、Aさんが拒否できないとしたら？あなたは自由に、渡す金額を決められます。このとき、渡す金額の平均は、おおよそいくらになったでしょう？

この実験は、1万円をAさんと分けるとき、**「Aさんに拒否権はない」**というシンプルなルールで、**「独裁者ゲーム」**と呼ばれます。

独裁者ゲームでは、「拒否されて自分が損したくない」という**「利己性」**を考える必要がありません。Aさんに1円を渡すだけでも問題はないのです。しかし、実際に実験をすると、多くの人が3,000

円程度を渡します。独裁者ゲームによって、ヒトは、他人の満足で自分も満足するという**「利他性」**や、不平等な分配を嫌う**「不平等回避」**をもっていることがわかるのです。

利他性には2つの側面があります。ひとつは、**「純粋な利他性」**で、他人の喜びが高まるほど、自分の喜びも高まります。看護師は純粋な利他性をもつ人が多いといわれます。もうひとつは、**「ウォーム・グロー（暖かな光）」**で、寄付や献血など、他人のためになる行動そのものに対して、喜びを感じるのです〔下図〕。

### 2種類の利他性

**純粋な利他性**

ボランティア活動など、自分の行動で相手が喜ぶことに幸福を感じる。

**ウォーム・グロー**

献血や寄付など、他人のためになる行動そのもの対して喜びを感じる。

ただ、純粋な利他性に見える行動でも、本心は、「ケチに思われたくない」など、他人の目を気にした行動である可能性もあります。独裁者ゲームの条件を変更して、Aさんと顔を合わさないようにした場合、分配率は大きく下がりました。匿名性を高めると、ヒトは利己的になる傾向があるといえます。

# 58 にぎやかな場所でも自分のことは耳に入る?

**なるほど!** ヒトは情報を**取捨選択**することで、**興味があることしか目や耳に入らない!**

　大勢の人が参加しているにぎやかなパーティーで、自分の名前や自分に興味のある話題が自然と耳に入ったことはありませんか?

　ヒトの脳には耳から膨大な情報が入りますが、すべてを処理すると脳がパンクするので、**必要度・重要度の高い情報だけを取捨選択しています**。これを、「**カクテルパーティー効果（選択的注意）**」といい、聴覚だけでなく、視覚などにも作用します〔**図1**〕。つまり、**ヒトは自分が興味のあることしか目や耳に入らない**のです。

　「ナッジ」の効果を高めるには、カクテルパーティー効果を利用し、**他人事ではなく、自分事と思わせること**が重要です。イギリスでは、支払いが遅れがちだった罰金の督促状に、**個人名を記載する実験**をおこなったところ、納入率がアップしました〔**図2**〕。

　日本でも、福岡市や千葉市などで、特定健診の受診率が低かった40代、50代に向けて、携帯電話に受診をススメるメッセージを送信し、効果を上げました。送信時間も、勤務時間以外など、働く世代のライフサイクルに合わせて、受診率の向上につなげたのです。

　今後のナッジは、各個人の行動や状況などのデータに基づいて、**その人に合った最適の選択を提案する「パーソナライズ（個別化）」**が重要になっていくと考えられています。

## ▶カクテルパーティー効果の活用例〔図1〕

ネットの閲覧履歴などから、その人が興味のある商品やサービスを集中的に表示することで、購買意欲を高める。

カクテルパーティー効果は、ヒトが自分の名前を呼んでもらうと心地よさを感じるという「ネームレター効果」と組み合わせることによって、さらに高まる。

## ▶罰金を支払わせるナッジ〔図2〕

イギリスでは、半分近くの罰金が納期までに支払われていなかったが、督促状のメッセージに個人名を入れる実験をしたところ、納付率が向上した。

平均納入額の比較 （罰金が2〜3倍になる期限の10日前に送付）

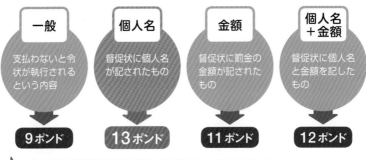

| 一般 | 個人名 | 金額 | 個人名＋金額 |
|---|---|---|---|
| 支払わないと令状が執行されるという内容 | 督促状に個人名が記されたもの | 督促状に罰金の金額が記されたもの | 督促状に個人名と金額を記したもの |
| 9ポンド | 13ポンド | 11ポンド | 12ポンド |

個人名が入った督促状が最も効果的だった！

# デマに惑わされないよう、「情報カスケード」を知ろう!

デマによって、生活必需品の買い占めなどのパニックが起きることがあります。デマに惑わされない方法はあるのでしょうか?

1973年のオイルショックのとき、**トイレットペーパーが品切れになる騒動が起こりました**。原油価格が上昇したとき、当時の通産大臣が「紙の節約」を呼びかけたことから、「紙がなくなる」という噂が全国的に広まり、全国の小売店でトイレットペーパーが買い占められたのです。しかし現実には、紙は市場に十分に供給されてい

ました。パニックが急拡大した原因は、「紙がなくなるかも」「自分も買っておかないと」と考える人が連鎖的に増えたからです。

　ヒトは、基本的に**自分の情報と他人からの情報**をもとに行動します。しかし、最初の人の行動を、2番目の人が、明確な根拠をもたないままマネてしまうと、3番目以降の人も、**自分の情報を捨てて、最初の人をマネていきます**。こうして、同じ行動が連鎖的に広まるのです。この情報の流れを、**「インフォメーション（情報）・カスケード」**といいます。カスケードとは、階段状につながった滝のことを意味します〔**下図**〕。

　生活必需品の買い占めは、東日本大震災や、新型コロナウイルスの流行時にも起きました。近年は、SNSの普及によって、**自分が信じたい情報に接すると、その情報ばかりが滝のように流れてきます。**このため、無意識のうちにデマや不正確な情報を信じてしまうのです。これを避けるには、**情報のカスケードのしくみを理解し、「この情報はまちがっているかも」という意識をもって、**あえて自分とはちがう意見の情報にも接していく必要があるのです。

インフォメーション・カスケード

根拠なく買い占める

最初の人の行動をマネる

2番目の人の行動をマネる

3番目以降の人も次々とマネていくため、情報はさらに広がる。

# 59 選挙にも影響を与える？ 「プライミング効果」とは

先に受けた刺激や情報の印象によって、 その後の行動が影響を受けてしまう現象！

　道を歩いているとき、カレーの香りがしたので、思わずランチに カレーを選んだ…という経験はありませんか？　このように、**無意 識のうちに、先に受けた刺激や情報の印象によって、その後の行動 が影響を受けてしまう現象を、「プライミング効果」**といいます。 つまり、**暗示**や**ほのめかし**のことです。先行して与えられる刺激を **「プライマー（先行刺激）」**といい、プライマーの影響を受けた後に 続く行動を**「ターゲット（後続刺激）」**といいます〔**図1**〕。

　プライミング効果は、投票行動にも影響を与えます。アメリカの アリゾナ州での調査によると、学校の補助金を増額するかどうかを 決める投票において、投票所が学校にあった場合、そうでない場合 より、増額への賛成票が明らかに多かったそうです。

　プライミング効果は、**「ナッジ」**にも活用できます。例えば、が ん検診の効果をテレビ番組で放送したり、自治体のホームページで 発信したりすると、受診率のアップを期待できます。

　また、**ヒトは質問をされると、その質問がプライマーとなり、答 えに沿った行動を取る可能性が高くなります**〔**図2**〕。このため、 健康に関するアンケートを取るだけでも、健康によい行動をとるこ とが期待できるのです。

# ヒトは暗示にかかりやすい

## ▶プライミング効果〔図1〕

ヒトは先行した刺激に影響を受けやすい。例えば、野菜や果物の映像を見た後、「赤で思いつくモノは?」と質問された人は、赤の野菜や果物を答える確率が高い。

**プライマー(先行刺激)**

野菜や果物の映像を見ると、その情報が強くインプットされる。

**ターゲット(後続刺激)**

「赤で思いつくモノは?」という質問に、赤い野菜や果物を答える確率が上がる。

## ▶プライミング効果の実験〔図2〕

ヒトは質問をされると、その質問に対する答えに沿った行動を取る可能性を高めることができる。

 質問　あなたは明日の選挙に投票するつもりですか?

 質問　今後6か月以内に新車を買うつもりですか?

 投票率が **25%** アップ!

 購入率が **35%** アップ!

 ヒトは質問されただけで行動が変化する!

# 60 ルールを守らせるには「社会規範」が有効?

**なるほど!** 「ルールを守れ」と命令して従わない人には、ルールが「多数派の行動」と思わせると効果的!

**大多数の人が肯定しているルールや規則、道徳のことを、「社会規範」**といいます〔**図1**〕。しかし、「ルールを守れ」と命じても、従わない人がいます。そんなとき、**社会規範に従う行動が、多数派の行動であることを強調する「ナッジ」**が有効です。「他人の行動に合わせたい」というヒトの心理を利用するのです。

例えば、イギリスは、企業の女性取締役の比率を高めようとして、「FTSE100(ロンドン証券取引所上位100銘柄)の構成企業の取締役に女性が占める割合は12.5%だけ」とアピールしましたが、効果はありませんでした。女性取締役が少ないことを強調したため、それが**「多数派」**の意見と受け取られたのです。そこで、アピールの内容を、「FTSE100の構成企業に女性取締役がいる割合は94%です」と変更したところ、**「企業に女性取締役がいることが多数派」**というイメージが生まれ、女性取締役が増えたのです。

日本でも、千葉市で男性職員の育児休暇取得率を向上させるためにナッジを活用しました。その方法は、**育休を取ることをデフォルトにして、取らない人には、その理由を説明させる**というもの。この結果、育休取得が社会規範となり、取得率は大幅に上昇していき、2019年度には、9割以上の取得率を達成したのです〔**図2**〕。

# ルールを守る人を多数派にする

## ▶「社会規範」の有効性〔図1〕

社会規範は、市場規範（経済合理的な原則）よりも、よりよい社会に導く力がある。イスラエルの保育園では、決められた時間に子どもを迎えるのがルールだったが、遅刻に罰金を課したところ、遅刻者はさらに増加した。

**社会規則**

定時に迎えに行く

遅刻すると、「みんなで守るべきルールを破った」という罪悪感を感じ、今後は気をつけるようになる。

**市場規範**

遅刻したら罰金を支払う

「もし遅れても、罰金を支払えば問題ない」という意識に変わり、罪悪感がなくなったため、遅刻が増えた。

## ▶ 千葉市の取り組み〔図2〕

千葉市では、男性職員の育児休暇取得率の向上を目指すナッジが実施された。

**取り組みの内容**

申請しなければ育休を取得するというデフォルトに変更

育休を取得しない場合、理由を説明することを要求

**千葉市男性職員の育休取得率**

2013年度 | 2.2%

取り組みを実施

2019年度 | 92.3%

育休取得が社会規範となった

# 61 お金があっても 「幸せ」とは限らない?

**なるほど!** 主観的な幸福感の研究が進められたことで、所得の多さが幸福につながらないことが判明!

ヒトの幸福度は、各個人の主観によってちがいます。このため、経済学では、**「主観的幸福度」**は、測定や比較ができないものとされ、国民全体を幸福にするには、**GDP**（国内総生産）を向上させ、国全体を豊かにするべきだと考えられてきました。ところが、現実には、**GDPが上昇しても、国民の幸福度が上がらない**という現象が各国で確認されています。この現象は、発見者の名前から**「イースターリンの幸福のパラドックス」**と呼ばれています。

基本的に、所得が上がれば幸福度は上がりますが、日本でも、所得が700万円を超えると、幸福度は増えなくなります〔**図1**〕。こうした現象が起きるのは、豊かな状態が**「リファレンス・ポイント」**（➡P26）となり、しばらくすると、この状態に順応してしまうためと考えられます。これを、**「順応仮説」**といいます。

このほか、比較して判断するという**「相対性」**の影響で、日本人の平均所得は世界平均より高いにもかかわらず、まわりと所得を比較して、満足感を得られていないためとも考えられます。これを、**「相対所得仮説」**といいます〔**図2**〕。日本より所得が低いのに、日本より幸福度が高い国は数多くあります。こうしたことから、近年、行動経済学では、主観的幸福度の研究が進められています。

# 所得と幸福度はリンクしない

## ▶ 世帯所得と幸福度〔図1〕

世帯所得が700万円を超えると、幸福度は大きく変化しない。「1人あたりの所得」で調査した場合も、同様の結果となった。

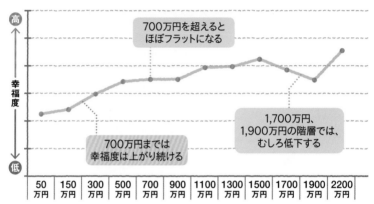

高

幸福度

低

700万円を超えると
ほぼフラットになる

700万円までは
幸福度は上がり続ける

1,700万円、
1,900万円の階層では、
むしろ低下する

| 50万円 | 150万円 | 300万円 | 500万円 | 700万円 | 900万円 | 1100万円 | 1300万円 | 1500万円 | 1700万円 | 1900万円 | 2200万円 |

※出典：筒井義郎・大竹文雄・池田新介「なぜあなたは不幸なのか」(2009)

## ▶ 順応仮説と相対所得仮説〔図2〕

所得が一定レベルを超えると幸福度が止まる。これには2つの仮説がある。

### 順応仮説

所得が増えて、生活が豊かになっても、少し経てば、その状態に慣れて当たり前になってしまう。

### 相対所得仮説

日本人全体が豊かになったとしても、同僚より所得が低ければ、不満に感じてしまう。

行動経済学の実践〔ナッジ〕と発展！ **3章**

# 長いものに巻かれないコツ？
# 「集団思考の罠」を避けるには

会議のとき、「この企画、失敗しそう」と思っても口に出せず、予想どおり失敗に終わる…。そんな経験はありませんか？

　メンバーの多くが優秀なエリートなら、会議ですばらしい意見が出ると思いませんか？　しかし、リコール隠しや不正会計など、有名企業の不祥事は後を絶ちません。なぜでしょうか？

　ヒトは集団で行動したいという欲求があります。そして、ある集団に属したヒトは、**内集団**（自分の集団）を過大評価し、それ以外

の**外集団**に対して厳しい評価を与えます。これを、**「内集団バイアス」**といいます。このため、ヒトは自分の集団から孤立することを恐れ、自分の意見や行動を、集団に合わせてしまうのです。

集団で会議をするとき、その場の雰囲気に引っ張られて、意思決定が極端にリスキーになったり（**リスキー・シフト**）、極端に慎重になったり（**コーシャス・シフト**）しがちです。これを「**集団極化**」といいます。また、集団に合わない意見や、不都合な意見は排除されていきます。このように、**集団でものごとを決めるとき、不合理で愚かな意思決定をしてしまうことを、「集団思考の罠（集団浅慮／グループシンク）」**といいます。

心理学者ジャニスは、**集団思考の罠の症状を8つに分類**しています〔**下図**〕。集団思考の罠を避けるには、まずは、これらの症状を自覚し、問題点を把握することが重要です。そして、**異論を唱えられる雰囲気**をつくったり、**外部から専門家**を招いたり、**客観的なデータを重視**するといった対策が効果的です。

### 集団思考の罠におちいったときの症状

❶「自分たちは正しい」と楽観的に思いこむ。

❷ 外部からの注意や警告を無視する。

❸ 集団内でのみで通用する道徳・倫理をもつ。

❹ 外部の能力を軽視し、弱点を過大評価する。

❺ 異論を唱えるメンバーに圧力をかける。

❻ 都合の悪い外部からの情報を遮断する。

❼ 自分の意見を控え、集団の意見に合わせる。

❽ 全員の意見が一致していると思いこむ。

行動経済学の実践〔ナッジ〕と展望！ **3**章

# まだまだ知りたい！
# 行動経済学の理論

⑩

経済学と心理学が融合した「行動経済学」。本編で紹介しきれなかった、
行動経済学に関連する理論を紹介します。

## 1「バーナム効果」

ざっくり言うと…**あいまいな性格記述を、
自分のことだと思う！**

**研究した人** **ポール・ミール**【アメリカの心理学者】

誰にでも当てはまるような一般的な性格や特徴を述べられると、自分だけに当てはまると思う心理。占いや血液型診断などで、「悩みを抱えています」「他人から好かれない」などと性格を分析されると、「当たっている」と思ってしまうが、実際は、大多数に当てはまる性格であることがほとんど。広告で、「最近、疲れを感じませんか？」などの表現が使われるのも、バーナム効果を期待している。

## 2「ディドロ効果」

ざっくり言うと…**所有物に統一感をもたせたい！**

**研究した人** **グラント・マクラッケン**【カナダの文化人類学者】

今までとはちがう「理想的な価値」を手に入れたとき、その価値に合わせて、所有物や環境などを統一させたくなる心理傾向のこと。例えば、高級家具をひとつ購入すると、その家具に合うインテリアや小物などをそろえたくなる心理。商品のセットやシリーズでの販売は、ディドロ効果を使っている。

# 3 「コントラスト効果」

ざっくり言うと…**対比によって印象が変わる！**

**研究した人** **フリッツ・ストラック**
【ドイツの心理学者】

同じモノでも、対比されるモノによって印象が大きく変わること。ほかと比較することで価値を判断するという「相対性」が影響した心理。例えば、激安ショップで1万円の時計を見ると「高い」と感じるが、同じ時計が高級時計店で販売されていると「安い」と感じてしまう。

コントラスト効果は、「アンカーリング」（⇒ P52）といっしょに使うと効果的。売りたい商品だけ値下げすると、お得な商品に見える。

# 4 「クレショフ効果」

ざっくり言うと…**となり合っていると、無意識に関連づけてしまう！**

**研究した人** **レフ・クレショフ**【旧ソビエト連邦の映画理論家】

前後につながりのない画像や映像を、無意識に関連づけてしまう心理作用のことで、旧ソ連のクレショフが実験で明らかにした。クレショフ効果は、商品や企業のイメージアップを目的に幅広く使われている。

**クレショフ効果の活用例** 例えばハムのCMでは、ハムの前に入れる映像によって印象を変えられる。

**家族だんらんの映像**

 ＋ **ハムの映像**  ➡ 庶民的で、安価なハムという印象を与えられる！

**高級レストランの映像**

 ＋ **ハムの映像**  ➡ 高品質で、高級なハムという印象を与えられる！

# 5 「ゲイン・ロス効果」

ざっくり言うと…心理的なギャップが大きいほど、影響は大きい！

**研究した人** エリオット・アロンソン、ダーウィン・リンダー【アメリカの心理学者】

**ゲイン・ロス効果のイメージ**

ゲイン（プラスの印象）とロス（マイナスの印象）の変化量が大きいほど、強い印象を与える心理。性格が悪いと思っていた人が、実はやさしい人だとわかると、プラスの印象に変わる、いわゆる「ギャップ萌え」も一例。堅実そうな企業が、ユニークなCMを流すのも、ゲインロス効果を期待している。逆に、最初の好印象が悪印象に変わると、好感度は大きく下がる。

# 6 「テンション・リダクション効果」

ざっくり言うと…商品購入後は、
　　　　　　　　財布のひもがゆるむ！

重要な決断をして、緊張（テンション）が消滅（リダクション）すると、注意力がおろそかになること。あれこれ悩んで買い物をした直後、ヒトは無防備な心理状態になっている。このとき、別の商品をススメられると、深く考えずに購入を決断してしまうことがある。

高価なコートを購入した後、店員にススメられるままベルトまで購入してしまう。

# 7 「フォール・コンセンサス（偽の合意効果）」

ざっくり言うと…自分の意見が多数派だと思いこむこと！

**研究した人** リー・ロス【アメリカの心理学者】

自分の意見や考え、行動などが常に多数派であり、正常であると思いこむ心理。実際には存在しない多数派を存在すると信じ、それ以外の意見をもつ人を非常識だと考える。

**フォール・コンセンサスの例**

● 自分が感動した映画を、周囲に「絶対に感動する」とススメる。

● 仕事を休むときは電話で連絡すべきだと、部下に強要する。

# 8 「ブーバ／キキ効果」

ざっくり言うと… **図形に合う音がある！**

**研究した人** ヴォルフガング・ケーラー【ドイツの心理学者】

ある音声が、特定の図形と関連があること。右の2つの図形を被験者たちに見せて、「どっちがブーバで、どっちがキキか？」と質問すると、95%以上が、上の図形をブーバと答え、下の図形をキキと答える。「K」や「T」が使われる音は鋭い形をイメージさせ、母音が「a」の音は、発音の際に口の動きが大きく、丸い形をイメージさせるためとされる。商品のネーミングには、辞書的な意味だけでなく、音が与えるイメージも重視される。

※使用する言語や、年齢、性別などに関係なく見られる。

# 9 「レストルフ効果」

ざっくり言うと… **変わった特徴のモノは記憶に残りやすい！**

**研究した人** ヘドヴィッヒ・フォン・レストルフ【ドイツの精神科医】

同じような商品が並んでいる中に、特徴ある商品が入っていると、目につきやすい。

似たようなモノや、同じパターンで並んだモノが多くあるとき、変わった特徴のモノがあると、無意識に記憶に残りやすくなる効果。「孤立効果」とも呼ばれる。ウェブサイトで、購入させたい商品や、購入ボタンを目立つデザインにするのは、この効果を利用している。

# 10 「感情ヒューリスティック」

ざっくり言うと… **感情によって意思決定すること！**

**研究した人** ポール・スロヴィック
【アメリカの心理学者】

「好き」「嫌い」などの感情に沿って意思決定をしてしまうことで、直感で物事を判断する「ヒューリスティック」の一種。好きなモノに対してはメリットを高く評価し、嫌いなモノに対してはデメリットを強調する。

**感情ヒューリスティックの活用例**

● ファンを獲得するため、リピーターを優遇する。

● 好感度の高いタレントをCMに起用する。

知っておきたい！

# 経済用語の意味

基本の

よく耳にする経済学の用語のうち、意味がわかりにくかったり、
近年話題になったりしているものについて解説します。

## GNPとGDP

「GNP（国民総生産）」は、一定期間内に「国民」によって生産された財（商品）やサービスの付加価値の合計額。このため、日本企業の海外支店の所得を含む。これに対し、「GDP（国内総生産）」は、一定期間内に「国内」で生産された財（商品）やサービスの付加価値の合計額。日本の景気を測る指標として、かつてはGNPが使用されたが、現在は、GDPが重視されている。

## 名目と実質

「名目」とは、実際に市場で取引されている価格で、「実質」とは、物価の上昇・下落やインフレ率を取り除いて調整したもの。賃金の額が2倍になると名目賃金は2倍になるが、物価も2倍に上昇すれば、実質賃金は変化しない。「貨幣錯覚」（➡P130）によって、実質賃金より、名目賃金の方が重視されやすい。

## 短期と長期

「短期」とは、需要と供給が一致しないときに価格が変化しない期間。例えば、不景気になったからといって、すぐに賃金は下がらない。これに対し、「長期」とは、需要と供給のバランスが取れて、価格が調整されたあとの期間。不景気が続けば、賃金は需給が一致する額まで下がり続けたあとに安定する。

## インフレとデフレ

「インフレ」とは、インフレーションの略。物価が継続的に上昇する状態で、貨幣価値が下がる。景気がよくなり、賃金が上昇することで発生するが、物価の上昇に賃金の上昇が追いつかない場合、生活が圧迫される。「デフレ」とは、デフレーションの略。物価が継続的に下落する状態で、貨幣価値が上がる。デフレになると物価と賃金も下がり、不況となる。物価と賃金が下がり続ける状況は、「デフレ・スパイラル」と呼ばれる。

## 価格差別

複数のタイプの消費者に、同じ（または類似）商品・サービスを2種類以上の価格で販売すること。映画館の学生料金と一般料金などが代表的な例。近年では、価格パターンを無限に増やす「多段階価格差別」が、高収益につながる戦略として注目されている。

## リスク

「リスク」とは、予想と異なる結果のこと。例えば、下がると思って売った株の値段が上がったり、上がると思って買った株が下がったりすることがリスク。一般的に、リスクと危険は同じ意味とみなされがちだが、厳密には異なる。また、「リスクを取ればもうかる」と考えるのは、まちがい。リスクを取れば、もうかることもあるし、損をすることもある。

## 価格弾力性

価格が変化したときに、需要がどのくらい変化するかを示す数値。代替が利かない生活必需品や、流行している人気商品は、多少値上がりしても買う人は減らないので、価格弾力性は小さい。しかし、嗜好品や、似たような別の商品（代替可能品）がある場合は、値上がりすると売れなくなるので、価格弾力性は大きい。

## 均衡価格

市場経済においては、価格の上昇と下落によって、需要量・供給量が調整される。需要量と供給量が一致するところを「市場均衡点」（➡P13）といい、そのときの価格を「均衡価格」と呼ぶ。理論上、均衡価格での取引が最も理想とされる。

## シグナリングとスクリーニング

「情報の非対称性」（➡P16）を解消するため、情報の多い側が、情報の少ない側に情報を提供すること。売り手側が事前に情報を開示することで、顧客の安心や信頼を得ることができる。それとは逆に、情報の少ない側が、情報の多い側に情報開示を求めることを「スクリーニング」という。

## 限界

経済学の「限界」とは、「境界」「境目」という意味。2つ以上の数の量が関係し合っているとき、ある量の境界を少し変化させたとき、ほかの量がどれだけ変化したかを表す。「限界効用」（➡P22）などのほかに、労働力や資金を増やしたとき、どのくらい生産が増えるかを表す「限界生産力」などがある。

## 余剰

経済学の「余剰」とは、満足の大きさのこと。生産者が思ったより高く売れた満足を「生産者余剰」といい、消費者が思ったより安く買えた満足を「消費者余剰」という。2つを合計したものが「総余剰（社会的余剰）」で、市場均衡点において最大となる。

# さくいん

## 参考文献

『行動経済学入門―基礎から応用までまるわかり』真壁昭夫著（ダイヤモンド社）
『知識ゼロでも今すぐ使える！ 行動経済学見るだけノート』真壁昭夫著（宝島社）
『ゼロからはじめて一生損しない！ 資産運用見るだけノート』真壁昭夫著（宝島社）
『最新 行動経済学入門「心」で読み解く景気とビジネス』真壁昭夫著（朝日新書）
『実践 行動経済学』リチャード・セイラー、キャス・サンスティーン著（日経BP）
『行動経済学の使い方』大竹文雄著（岩波新書）
『行動経済学 経済は「感情」で動いている』友野典男著（光文社新書）
『行動経済学―伝統的経済学との統合による新しい経済学を目指して 新版』大垣昌夫、田中沙織著（有斐閣）
『予想どおりに不合理 行動経済学が明かす「あなたがそれを選ぶわけ」』ダン・アリエリー著（早川書房）
『ファスト＆スロー』ダニエル・カーネマン著（早川書房）
『今日から使える行動経済学』山根承子、黒川博文、佐々木周作、高阪勇毅著（ナツメ社）
『行動経済学（図解雑学）』筒井義郎、山根承子著（ナツメ社）
『知識ゼロからの行動経済学入門』川西諭著（幻冬舎）
『受診率向上施策ハンドブック（第２版）』（厚生労働省）
『世界最前線の研究でわかる！ スゴい！ 行動経済学』橋本之克著（総合法令出版）
『週刊ダイヤモンド 2020年11/14号 最強の武器「経済学」』（ダイヤモンド社）

**監修者 真壁昭夫**（まかべ あきお）

多摩大学特別招聘教授。一橋大学商学部卒業後、第一勧業銀行（現みずほ銀行）入行。ロンドン大学経営学部大学院卒業後、メリル・リンチ社ニューヨーク本社出向。みずほ総研主席研究員、信州大学経済学部教授、法政大学大学院政策創造研究科教授などを経て、2022年から現職。「行動経済学会」創設メンバー。『ディープインパクト不況』（講談社＋α新書）、『2050年世界経済の未来史：経済、産業、技術、構造の変化を読む！』（徳間書店）、『MMT（現代貨幣理論）の教科書』（ビジネス教育出版社）、『仮想通貨で銀行が消える日』（祥伝社新書）など著書多数。

| | |
|---|---|
| 執筆協力 | 竹内尚彦 |
| イラスト | 桔川シン、栗生ゑゐこ、フクイサチヨ、北嶋京輔 |
| デザイン・DTP | 佐々木容子（カラノキデザイン制作室） |
| 校閲 | 西進社 |
| 編集協力 | 浩然社 |

# イラスト&図解 知識ゼロでも楽しく読める！
# 行動経済学のしくみ

2022年5月10日発行　第1版

| | |
|---|---|
| 監修者 | 真壁昭夫 |
| 発行者 | 若松和紀 |
| 発行所 | **株式会社 西東社** |
| | 〒113-0034　東京都文京区湯島2-3-13 |
| | https://www.seitosha.co.jp/ |
| | 電話　03-5800-3120（代） |

※本書に記載のない内容のご質問や著者等の連絡先につきましては、お答えできかねます。

ISBN 978-4-7916-3127-8